Liderazgo para crear tu propio éxito

Por: Victor Chávez

Índice interactivo

Introducción	03
1 Cómo funciona nuestra mente	05
2 La relación entre el liderazgo y el éxito	19
3 Liderazgo con motivación ilimitada	34
4 Liderazgo para vencer el miedo	48
5 El carácter del liderazgo exitoso	61
6 Cómo ser líder con más productividad	74
7 Enfócate en el objetivo correcto	91
8 Las afirmaciones del líder	106
9 Las visualizaciones del líder	121
10 Usa tu poder	134
Conclusiones	147
Índice interactivo por menciones	149

Introducción

Millones de personas no consiguen los resultados que desean porque no saben que les falta el ingrediente principal para tener éxito: el liderazgo.

En este libro, aprenderás todo lo que necesitas para convertirte en líder y tener éxito. Aprenderás cómo funciona cada una de las tres partes de tu mente, y cómo puedes reprogramar tu mente para que te ayude a lograr el éxito con el que sueñas.

También aprenderás a tener motivación ilimitada para lograr todo lo que te propongas, y cómo vencer el miedo que limita los resultados de tantas personas talentosas.

Te enseñaré cuáles son los ingredientes principales del carácter del liderazgo, y cómo puede cambiar tu vida si te conviertes en líder con eficiencia y productividad.

Aprenderás mucho sobre la forma en la que debes escoger y manejar a tu equipo de trabajo para llevarlos al nivel en el que se superen a ellos mismos y te catapulten al éxito.

También aprenderás como mantener el enfoque, y la forma de usar las afirmaciones positivas para reprogramar tu mente. Pero además, aprenderás a reprogramar tu mente de manera más profunda usando las visualizaciones y las experiencias físicas; y por último, aprenderás a concentrar todo tu poder para alcanzar el éxito.

Todo el éxito del mundo te espera después de este libro. Estas listo/a?

El cerebro es el gran organo grandioso que esta conectado y sincronizado a nuestro sistema digestivo. Alimentate bien y pensaras mejor. El intestino delgado tiene aproximadamente 100 millones de neuronas. Como esta tu alimentacion? Tomas suplementos? Te cuidas?

Capítulo 1

Cómo funciona nuestra mente

Tu mente, es una maravilla que se aloja en un órgano que pesa unos 1.300 gramos, que funciona con unos 15 vatios de electricidad y que llamas: cerebro.

Aunque el cerebro humano representa cerca del 2% del peso corporal, sus casi 100.000 millones de neuronas utilizan el 20% de la energía corporal para hacer funcionar la mente. Pero... ¿qué es la mente?

Tu mente, describe al conjunto de tus capacidades cognitivas, es decir, los procesos de pensamiento, aprendizaje, conciencia, memoria, imaginación, y otros muchos procesos mentales.

En el pasado, los líderes no necesitaban saber cómo funcionaba la mente humana; pero los tiempos han cambiado. Si quieres tener éxito, debes conocer tu mente y ser capaz de reconocer tus propios procesos mentales y los procesos mentales en las demás personas.

Para empezar, debes saber que tu mente trabaja en tres niveles, y cada nivel tiene sus propias particularidades. Vamos a conocer esos niveles:

Consciente, subconsciente e inconsciente

El nivel consciente de tu mente, es el que te permite razonar para distinguir la información correcta de la incorrecta. Esta es la parte de tu mente en la que se desarrolla la inteligencia.

Usando tu mente consciente, eres capaz de prestar atención a los detalles, y logras analizar, de forma limitada; una parte de la información que recibes a través de tus sentidos.

El nivel subconsciente, es la parte más grande y poderosa de tu mente. En este nivel mental sí puedes procesar toda la información que te llega a través de los sentidos. Es decir, todo lo que consigues ver, oler, sentir u oír, es recibido, analizado y registrado por tu mente subconsciente.

Mientras recibe la información de los sentidos, tu subconsciente la filtra y decide lo que te dejará ver, oír, oler y sentir dependiendo de su importancia.

Por ejemplo, el sentido del olfato humano, es capaz de distinguir unos 10.000 olores diferentes. Pero a nivel consciente ningún ser humano es capaz de manejar tantos olores, y debe conformarse con los pocos olores importantes que la mente subconsciente le permite sentir. Sin embargo, para tu mente subconsciente, es muy fácil distinguir cientos de olores al mismo tiempo.

Lo mismo sucede con los miles de sonidos que entran en tu oído, con las millones de imágenes que captan tus ojos, o las miles de sensaciones que percibes con tu cuerpo. ¿Por qué no puedes ser consciente de todo lo que entra por tus cinco sentidos?

Porque a nivel consciente, ningún ser humano puede manejar tanta información a la vez, pues simplemente colapsaría.

Otro rasgo muy importante de tu mente subconsciente, tiene que ver con que es la encargada de regular tus emociones, y es la que administra tu memoria; por eso, tu mente subconsciente tiene acceso a absolutamente todos tus recuerdos.

La verdad es que a nivel mental, los seres humanos no olvidan nada. Todos tus recuerdos están en tu mente, pero no tienes acceso a ellos usando la mente consciente. Sólo tu mente subconsciente puede traer de vuelta esos recuerdos. Esa es la razón por la que las emociones te ayudan a recordar.

Por otro lado, tu mente subconsciente no puede distinguir lo correcto de lo incorrecto, esto significa que no puede distinguir la información verdadera de la falsa. Esto puede notarse, por ejemplo, cuando ves una película.

Muchas personas se asustan, se sobresaltan, lloran, y sienten otras muchas emociones cuando miran una película. ¿Es que no saben que esas situaciones no son reales? ¿Acaso no saben que se trata de actores? De forma consciente lo saben, pero quien tiene el control de tus emociones es la mente subconsciente, y ella no distingue lo real de lo imaginario. ¿Cómo esto afecta tu éxito?

Te afecta de una forma muy peligrosa, porque esa incapacidad de tu mente subconsciente para distinguir la información correcta de la falsa; significa que tu mente subconsciente, puede ser programada con información errónea, creando programas mentales negativos.

De la misma forma en la que un programa influye en el desempeño de un computador, un programa mental positivo o negativo, también influye en tu desempeño, comportamiento, actitud, decisiones y creencias. Por eso, a los programas mentales también se les llama: paradigmas.

Por ejemplo, puede que escuches una idea, pensamiento u opinión errónea; pero, si no estableces de forma consciente que esa idea es errónea, tu mente subconsciente creerá que es cierta, asumirá el mensaje como verdadero; y si se repite durante el tiempo suficiente, se convertirá en un programa mental o paradigma que influirá de forma directa en las decisiones que tomes.

Por ejemplo, millones de personas instalan programas negativos en su mente subconsciente cuando se preguntan a sí mismas: "¿Por qué todo me sale mal?"

¿Qué sucede cuando te haces esa pregunta? Sucede que tu mente subconsciente no es capaz de contradecirla, sino que toma esa pregunta como si fuese un hecho verdadero, y busca en los archivos de tu memoria un recuerdo que refuerce esa pregunta para instalar ese programa negativo en tu subconsciente. ¿Cuál es el resultado? Que cada vez más y más cosas te saldrán mal.

Por el contrario, cuando te dices que 'todo te sale bien', que 'siempre tienes suerte' o que eres una persona 'ganadora'; tu mente subconsciente tampoco es capaz de contradecirte, sino que busca en todos los archivos de tu memoria algún recuerdo que refuerce esa afirmación positiva que escucha, y debido a que tu subconsciente tiene acceso a toda tu memoria, siempre encontrará algún evento en tu vida que refuerce ese programa positivo que estás instalando en tu subconsciente. ¿Ahora puedes ver el poder que tienen las cosas que te dices para reprogramar tu subconsciente?

Sólo la parte consciente de tu mente tiene la capacidad de distinguir lo verdadero de lo falso, la información correcta de la incorrecta. Es muy importante que uses esa capacidad para proteger tu mente subconsciente de información que pueda dañarte o impedir que alcances tu máximo potencial.

Por último, tu mente posee un tercer nivel, el inconsciente, que está programado para satisfacer nuestros instintos básicos de buscar el placer y evitar el dolor. Esto incluye sensaciones como el hambre, la sed, el frío, el calor, el miedo, etc.

Además, tu mente inconsciente, también mantiene en proceso todas las funciones corporales automáticas, como la digestión, la circulación, la respiración, etc.

Tu mente inconsciente también es la que almacena la memoria genética de la especie humana. Esto significa que todos los seres humanos seguimos conservando los programas mentales que se han acumulado durante los millones de años de existencia de nuestra especie.

Por ejemplo, cuando se te somete a una fuerte presión psicológica, es tu mente inconsciente la que pone en marcha el programa mental que aumenta tus niveles de cortisol y adrenalina; produciendo lo que llamamos estrés. ¿Por qué tu mente inconsciente hace esto?

Porque desde hace miles de años, el estrés ha servido para escapar lo más rápido posible a fin de salvar la vida, o luchar con todas nuestras fuerzas para protegernos del enemigo. Ese era el propósito del cortisol y la adrenalina.

Pero hoy, tu mente inconsciente no sabe que ya no tienes que huir de un tigre dientes de sable en tu oficina, o que ya no hay peligro de que seas atacado por una tribu rival mientras conduces. Sin embargo, tu mente inconsciente continúa elevando los niveles de cortisol y adrenalina, y por eso el estrés continuo perjudica tu salud.

Todo esto sucede porque tu mente inconsciente no es capaz de pensar. Todas sus reacciones se efectúan por instinto. Por ejemplo, ante una situación peligrosa, algunas personas corren, otras se paralizan y a otras les da por reír. Todas esas son reacciones de la mente inconsciente, que no piensa, sino que simplemente actúa.

Programando nuestros niveles subconsciente e inconsciente

Los seres humanos podemos introducir nuevos programas mentales a nivel subconsciente e inconsciente. Por ejemplo, siempre que tú aprendes una nueva habilidad, te estás programando para hacer cosas de manera subconsciente o inconsciente.

Andar en bicicleta o patines, nadar, bailar o conducir, son ejemplos de nuevas habilidades que tú has adquirido a nivel subconsciente o inconsciente. De la misma forma, cuando logras incorporar un nuevo hábito (positivo o negativo), y este hábito se vuelve automático; en realidad estás programando tu mente a nivel subconsciente e inconsciente.

Todos esos programas entran a tu mente a través de la mente consciente. Así, tu mente consciente (la mente con la que piensas) se transforma en el programador de tu mente subconsciente e inconsciente.

Por ejemplo, cuando tú quieres o necesitas adquirir una nueva habilidad, empiezas por practicarla de forma consciente, es decir, con tu mente consciente. Por eso al principio debes prestar mucha atención a lo que haces. Pero al repetir esa habilidad durante un tiempo determinado, la acción pasa de la mente consciente a la mente subconsciente, y luego a la mente inconsciente. Es de esa forma que puedes crear un nuevo 'programa' que funcione de manera automática.

Eso fue lo que sucedió cuando aprendiste a conducir. Al principio, debías conducir usando tu mente consciente. Esto requería de tu parte mucha atención y un gran esfuerzo mental, pero con un poco de práctica, aprendiste a conducir usando tu mente subconsciente e inconsciente; y por eso, ahora incluso puedes conversar mientras vas conduciendo. El acto de conducir se vuelve muy fácil cuando es nuestra mente subconsciente la que toma el control.

Paradigmas de los que debes deshacerte

Lo que eres y lo que has logrado hasta hoy, tiene mucho que ver con los programas que fueron instalados en tu mente mientras crecías, o incluso de adulto.

Las personas con las que más tuviste relación, y en especial tus padres, tuvieron una gran influencia en los programas mentales que fueron instalados en tu mente, y que siguen dirigiendo tu vida hasta el día de hoy.

La mayoría de esos paradigmas instalados en tu mente son positivos y saludables; pero algunos otros son negativos o perjudiciales, y sabotean tu esfuerzo por alcanzar el éxito. Por ejemplo…

Uno de los principales paradigmas negativos contra el que tienes que luchar, es el que te lleva a pensar algo como: "Toda la vida he sido así, y no voy a cambiar".

Es posible que hayas heredado este paradigma o programa mental de uno de tus padres, o de alguien que en un tiempo admirabas; pero la verdad es que este programa mental es tu enemigo, y te impide luchar contra los otros paradigmas mentales negativos que sabotean tu camino hacia el éxito.

Este programa negativo te mantiene en estado pasivo, inactivo e ignorante de que existen otros paradigmas mentales negativos que fueron instalados en tu mente. ¿Cómo puedes luchar contra ese programa mental negativo?

En primer lugar, debes reconocer que el hecho de que 'toda la vida' hayas actuado de esa forma, no significa que 'esa persona' seas tú.

Tú eres mucho más que sólo tus paradigmas mentales, tú puedes llegar a ser todo lo que has soñado si eres capaz de reconocer cuáles son los paradigmas que te limitan y haces lo necesario para erradicar esos programas de tu mente subconsciente.

Si en este momento no sientes que hayas llegado al nivel de liderazgo que quieres alcanzar, o no sientes la motivación que necesitas para hacer lo necesario a fin de lograr tus metas; debes saber que se trata de los paradigmas que han sido instalados en tu mente. ¿Cómo puedes combatirlos?

1. Debes reconocer que los paradigmas son independientes

Cada uno de tus paradigmas funciona de forma independiente de los otros. Esto significa que deshacerte de un programa mental negativo, no hace que te deshagas de ningún otro de forma automática. Por ejemplo:

¿Te has preguntado por qué algunas personas tienen éxito en todo lo que se proponen, pero no logran ser felices? ¿Por qué hay personas que tienen buena salud, pero no les va bien económicamente? ¿Por qué hay personas millonarias que tienen tan mala salud? ¿Por qué hay personas que parecen felices, pero no tienen dinero?

Esto se debe a que los paradigmas de éxito, felicidad, salud, riqueza, amor, vitalidad, y todos los demás, son independientes. Por eso puede que tengas instalado un programa mental positivo de éxito, pero a la vez tengas un programa mental negativo de la felicidad.

Así como existen paradigmas mentales que te dicen que es normal tener éxito en todo lo que te propones, también puede haber un programa mental que te diga que es normal estar enfermo.

En esencia, esto significa que para erradicar de tu mente los programas negativos que han sido instalados, debes identificarlos para luchar contra ellos y eliminarlos uno por uno.

2. Debes contrarrestar los paradigmas negativos

Si tienes instalado en tu cerebro un paradigma que limita tu potencial, tú tienes en tus manos el poder para cambiar esta programación contrarrestando esos programas negativos. ¿Cómo?

Desde la infancia, muchas personas tienen instalado un programa mental que dice, por ejemplo, que "Los ricos son malas personas".

Ese programa no está en tu mente consciente, por eso puede que no seas consciente de que tienes ese programa instalado en tu mente subconsciente. ¿Cómo saber si tienes instalado ese programa?

Puedes saberlo por tus respuestas sinceras a estas preguntas: ¿Sientes orgullo de haber nacido en la pobreza? ¿Dices que eres pobre? ¿Crees que el dinero no tiene que ver con la salud ni la felicidad? ¿Piensas que las personas ricas explotan a los pobres? ¿Crees que es malo admirar a una persona porque es rica?

Si tu respuesta ha sido 'sí', puedes tener la seguridad de que el programa mental de que "Los ricos son malas personas", está instalado en tu mente subconsciente. ¿Qué sucederá si permites que ese programa mental continúe afectando tu vida? Que tu mente subconsciente saboteará todos tus esfuerzos para conseguir riqueza y prosperidad.

Millones de personas han pasado años luchando con el objetivo de prosperar y hacer dinero, pero no lo logran; mientras que a otras parece que se les hace muy fácil hacer dinero. Ahora sabes por qué sucede esto. Mientras no erradiques ese paradigma de tu mente subconsciente, nunca podrás alcanzar la riqueza con la que sueñas. ¿Cómo erradicas ese paradigma?

Tomando el control de tus pensamientos, a fin de reemplazar los paradigmas de pobreza por paradigmas de riqueza. Esto significa que debes aprender cuáles son los paradigmas que gobiernan el subconsciente de una persona rica, e instalar esos paradigmas en tu mente a fuerza de repetición y meditación en las ventajas de esos nuevos programas mentales.

Por ejemplo, ¿cómo está la economía en tu país? ¿Qué dicen las noticias? ¿Qué dicen las personas con las que hablas? En la mayor parte de los países la respuesta es la misma: "Estamos en crisis, la economía está cada vez peor". Ese es el mensaje que tu mente subconsciente recibe.

Pero la diferencia entre una persona pobre y una persona rica, es que la persona rica reemplaza o contrarresta ese paradigma negativo con un poderoso paradigma positivo que dice: "En las crisis están las oportunidades".

Por eso, los ricos suelen buscar y encontrar oportunidades en medio de las crisis. Ahí donde los pobres sólo ven razones para paralizarse y no invertir, los ricos ven oportunidades de hacer más dinero.

¿Cuáles pueden ser otros paradigmas mentales de los ricos? "Mi dinero trabaja para mí", "Tengo que delegar todo lo que pueda a fin de tener más tiempo para pensar en la forma de hacer más dinero", "Primero aparto el dinero para invertir y luego sobrevivo con lo demás", "No se trata de la cantidad de dinero que gano, sino de la cantidad que puedo conservar para invertir", "Los lujos se compran con las ganancias de las inversiones".

Todos estos paradigmas son muy diferentes a los que gobiernan la mente subconsciente de las personas pobres. Si tú empiezas a pensar como lo hacen las personas ricas, con el tiempo te convertirás en una persona rica; porque tu mente subconsciente te llevará a lograr esa meta.

3. Debes tomar el control de tus pensamientos

Otra forma de cambiar tu programación mental subconsciente, es tomando el control de lo que piensas.

Pongamos como ejemplo a una persona que posee un paradigma mental de salud. ¿En qué piensa? ¿Cuáles son sus pensamientos con relación a su salud?

Si tú tienes un paradigma mental de salud, no te interesará saber ni hablar sobre las enfermedades, tus conversaciones girarán en torno a las formas de mejorar tu salud y tu vitalidad, y tendrás la confianza de que puedes mantenerte saludable.

Tu paradigma mental de salud, te llevará a dirigir tus pensamientos hacia los beneficios de comer de manera saludable, de hacer ejercicio, de llevar una vida sana. Tu atención no se dirige hacia las enfermedades, sino hacia la salud, hacia los beneficios de llevar una vida saludable.

Por el contrario, las personas que tienen un paradigma mental de enfermedad, creen que tienen mala salud porque la han heredado, porque son débiles, o por alguna otra razón. Por eso, siempre creen que pronto se enfermarán, y cuando se exponen a algún evento como el frío, el polvo, o a una persona enferma; dan por hecho que se enfermarán de un momento a otro. ¿Conoces personas así?

Tu mente te llevará al éxito

Que tú alcances el liderazgo motivador y exitoso, va a depender de qué programas mentales instales en tu mente subconsciente. En este libro conocerás cómo funciona la mente del líder y cómo logra motivarse y motivar a otras personas. Así que cada vez que encuentres una frase con la que te identifiques, te animo a hacerla tuya, a repetirla con la suficiente convicción como para que empiece a formar parte de tu programación mental positiva.

Tu mente tiene un potencial extraordinario, y depende de ti que esos programas mentales te dirijan a tomar las decisiones que van a impulsarte hacia adelante, a la meta que te has propuesto, o que te estorben en tu camino al éxito.

No es fácil cambiar la programación mental negativa por otra positiva. Pero bien vale la pena hacer el esfuerzo para librarte de esos lastres mentales que sabotean tus metas y te impiden alcanzar tus sueños.

Para triunfar, es imprescindible que desarrolles habilidades de liderazgo. Una de ellas es la influencia que tienes en ti, y en otras personas. Que tanto crees en ti? Y los demas creen en ti?

Capítulo 2
La relación entre el liderazgo y el éxito

Todas las personas que tienen éxito tienen algo en común: son líderes. ¿Por qué?

Porque la capacidad de liderazgo es lo que determina cuál es tu límite de crecimiento. Esto significa que tu límite de crecimiento como persona, en tu empleo o en tu empresa; estará determinado por tu nivel de liderazgo.

Esa es la razón por la que algunas personas dedicadas, talentosas e inteligentes no consiguen el éxito que desean.

Para triunfar, es imprescindible que desarrolles habilidades de liderazgo. ¿Cómo saber en qué nivel de liderazgo te encuentras?

El nivel de liderazgo no tiene nada que ver con los resultados que consigues en el corto plazo, ni con la forma de trabajo de tus colaboradores, ni con lo fuerte que puedas hablar, ni con las palabras grandilocuentes que puedas decir, o tu habilidad mental para ganar discusiones. La verdad es que la medida para saber en qué nivel de liderazgo te encuentras, tiene que ver con tu influencia.

Se trata de la influencia que tienes en ti y en otras personas.

Sí, la primera persona en la que debes influir es en ti. Por ejemplo: ¿Haces lo que dices que harás? Si te propones hacer algo, ¿lo logras? Si empiezas algo, ¿lo terminas? Millones de personas no son líderes porque no son capaces de liderarse a ellas mismas.

Así que tu proceso para transformarte en un líder exitoso empieza por tomar el control de tu propia vida. ¿Cómo podrías tomar el control de una organización con éxito si no tienes el control de tu vida? Muchas personas lo intentan, y por eso la organización que tratan de dirigir es tan caótica como la propia vida de la persona que la dirige.

Una vez que has tomado el control de tu vida, entonces podrás tomar el control de una organización. Recuerda, no necesariamente tienes que ser experto, pues en el camino aprenderas mas pero tienes que tomar el control de tu vida.

Esa es la razón por la que el verdadero liderazgo no puede ser ni transmitido ni heredado. Es un error común pensar que el nombramiento como gerente en una empresa convierte a alguien en un líder o personas con una organizacion. De hecho hay millones de buenos gerentes que no son líderes o personas que tienen organizaciones debajo de ellos, pero seran lideres? ¿Por qué?

Porque los buenos gerentes o encargados de organizaciones son los que saben cómo manejar todas las operaciones con excelencia. Pero si tú eres líder, influirás en las personas de tu equipo para lograr que quieran hacer su trabajo con excelencia.

Muchas personas piensan que para ser líder, tú tienes que tener un gran conocimiento de tu área de trabajo específica. Pero la verdad es que si tú eres líder, serás capaz de sacar lo mejor de las personas de tu equipo; incluso de los que conocen los procesos mucho mejor que tú. Porque tú tienes el poder para influir y sacar lo mejor de ellos.

Tu éxito, sea que se trate de tu vida privada, de tu vida social o de tus negocios; está ligado a tu capacidad de liderar. Primero liderándote para después liderar a un equipo.

¿Cómo puedes tener éxito siendo líder?

En una reunión de trabajo, tú reconocerás al líder porque cuando habla, los demás escuchan con atención. Nada tiene que ver con sus títulos académicos, ni con su capacidad para ser entretenido. Más bien se trata de la fortaleza de su carácter, de las buenas relaciones que ha construido con su equipo, y de algunos talentos que ha desarrollado. ¿Cómo puedes convertirte en ese tipo de líder?

1. Debes aprender a conectarte emocionalmente

Algunas personas llaman carisma a la conexión emocional, otros lo llaman con otros nombres; pero lo importante es que si quieres ser líder, debes aprender el arte de conectarte emocionalmente con las personas. ¿Cómo te conectas?

Haciendo que ellos compartan tu visión o la vision que tu persigues y crees. Tú debes permitir que ellos hagan suya tu propia visión de futuro. Tu vision puede ser transformar vidas o crecer una organización, tener libertad financiera o tener mejor salud.

Muchas personas que dirigen se guardan para ellas mismas su visión, y no se sienten cómodas compartiéndola con los miembros de su equipo. Quizá porque se avergüenzan o sienten que van a ser juzgadas desfavorablemente por tener esa visión de futuro.

Po eso es muy importante que tú sientas orgullo de tu visión de futuro, y que hagas lo necesario para compartirla y conectar con tu equipo.

Si quieres tener éxito como líder, necesitas diferenciarte, destacar. No sirve de nada ser igual a los demás ni mucho menos conformarte a sus expectativas. Tú tienes que ir a contracorriente.

Ahora bien, necesitas tener una gran confianza en ti, para ir a contracorriente. Todo el mundo te dirá que no lo podrás lograr, que te consigas un trabajo 'normal'. Pero los líderes que han hecho las grandes fortunas, son aquellas personas que han tenido la inteligencia y la fortaleza suficientes para ir en contra de la corriente.

Cuando lo logres, lo notarás en la armonía, la lealtad y la ética de trabajo de cada uno de los miembros de tu equipo. Porque esa vision que sigues, "tu visión" se transformará en la inspiración que moverá a los miembros de tu equipo para hacer un trabajo fuera de serie.

Para lograrlo, no hay atajos. Si quieres llegar al corazón de tu equipo con esa visión, tú debes contársela desde tu corazón. Fingir no te servirá de nada.

Tienes que permitirte brillar, tienes que dejar que tu equipo y el mundo sepan que tienes éxito, que te va muy bien y te irá cada vez mejor. Tú tienes que tener la actitud del líder ganador.

Comunica tu mensaje lo más claro y transparente posible, pero no dejes de poner el corazón en cada palabra que digas, y en cada cosa que hagas. Tus palabras sinceras y tus hechos honrados tenderán un puente que te conectará con tu equipo, no una sola vez, sino que esa relación se hará mucho más fuerte con el paso del tiempo.

2. Debes convertirte en lo que deseas atraer

Los seres humanos atraemos a las personas que tienen cualidades parecidas a las nuestras. Eso también es cierto en tu caso como líder.

Cuando te enfrentes a un nuevo equipo, no cometas el error de escoger a los que serán los miembros más cercanos; debes permitir que sean tus cualidades las que atraigan a los que compartan tus valores y tu visión.

Poco a poco, verás cómo se va formando un anillo a tu alrededor de personas que te siguen, y a quienes lideras desde el corazón. Ellos se convertirán en los miembros más cercanos de tu equipo, y son los que compartirán tus valores, tu actitud hacia el trabajo y tus habilidades.

Esto es muy importante, porque si notas que no estás atrayendo a las personas que deseas, es porque debes examinar tu propio liderazgo y encontrar las áreas en las que tú necesitas mejorar.

Por ejemplo, si no estás atrayendo personas comprometidas, debes preguntarte: "¿Cómo está mi nivel de comprometimiento?"

Cuando tú logres manifestar una cualidad que buscas en los miembros de tu equipo; verás cómo empiezas a atraer a personas con esa cualidad.

3. Debes cuidar a tu círculo de confianza

Esas personas que serán las más cercanas a ti, y que serán tu círculo de confianza, son las que determinarán tu potencial como líder.

Algunos líderes creen que su potencial depende sólo de ellos, y por eso no alcanzan los resultados que esperan. La verdad es que, como líder, tus resultados dependen de las personas que forman parte de tu círculo interno.

Por eso es tan importante que cuides de esas personas que has atraído hacia ti, que comparten tus principios, tus valores y tu visión de futuro. Nunca pierdas tiempo con personas negativas, ni aceptes en tu círculo de confianza a alguien que haya sido impuesto por otra persona. Nunca permitas que personas antagonistas formen parte de ese círculo interno, pues limitarán tu potencial.

Pero lo más importante es que esas personas que formarán parte de tu círculo interno, deben ser transformadas en líderes fuertes. Tú serás líder de esos líderes, tú serás quien los transforme en líderes, y ellos, que comparten la visión que sigues; son los que te llevarán a desarrollar todo tu potencial.

4. Debes tener un mentor, y al mismo tiempo ser un mentor

Si quieres tener éxito siendo un líder, debes tener un mentor que sea líder, y además, tú debes ser mentor de otras personas que quieren convertirse en líderes.

Muchos líderes creen haberse hecho a sí mismos sin la ayuda de un mentor. Pero la verdad es que todos hemos tenido mentores, sea que los hayamos conocido personalmente o no.

Yo tuve y tengo varios mentores, pero algunos de los que más influyeron en mí no los conocí personalmente sino después de muchos años. Son los autores de los libros que dirigieron mi carrera al principio, y me ayudaron a transformarme en un líder.

Así que puede que sólo hayas leído los libros de algunos líderes o seguido su trayectoria, pero si esa persona ha influido en lo que eres hoy; esa persona ha sido un mentor para ti.

Ahora bien, es muy importante que tú también te conviertas en mentor para otros líderes. Algunas personas no quieren formar nuevos líderes, e incluso intentan mantenerse arriba empujando a sus subordinados hacia abajo. Las personas que piensan de esa forma terminan destruyendo su propio liderazgo. Desafortunamente es el ego o su estima propia baja que no permite a los demas crecer.

Formar nuevos líderes es esencial para que tú te mantengas en la cima; porque son ellos los que te mantendrán en la cima. Además, mientras más líderes haya en tu empresa u organizacion, mayor será el potencial de crecimiento.

5. Debes lograr la inercia

A fin de llegar al lugar en el que quieres estar, se requiere que te pongas en movimiento, y mientras más rápido te muevas hacia ese lugar, más pronto llegarás a tu destino; pero además…

La velocidad produce lo que se conoce como efecto de inercia. Ese efecto te impulsa hacia adelante y también impulsará a tu equipo.

Lograr que tu equipo pase de un estado de reposo, a un estado en el que el movimiento sea lo suficientemente intenso como para generar inercia, es un trabajo difícil al principio; pero cuando tu equipo alcance el punto óptimo de movimiento, será muy difícil detenerlo.

Por otro lado, cuando no se logra la inercia, cualquier problema consigue detenerte y detener a tu equipo, porque carecen del impulso necesario. Pero cuando tú y tu equipo tienen inercia, ese impulso hace que los obstáculos parezcan pequeños, y los problemas se vean como algo pasajero.

El punto en el que la inercia te impulsa e impulsa a tu equipo te llevará al éxito a alta velocidad. La inercia es el mejor amigo del líder; porque con suficiente inercia, nada podrá detenerte, es por eso si tu equipo de trabajo (tus lideres) no van a la misma velocidad que tu, te van a detener; pero que pasa si ellos van mas rapido que tu y permaneces en ese estado de conformismo? Ellos buscaran otro lider que realmente tenga la camisa bien puesta, osea un verdadero lider a quien seguir.

6. Debes liderar con el ejemplo

La única manera en la que puedes tener verdadera influencia sobre los demás, es liderando con el ejemplo.

Los verdaderos líderes nunca les pedirían a los demás que hagan algo que ellos mismos no harían. Si tú eres líder, serás el primero en actuar, serás quien tome la iniciativa, serás la persona que vaya adelante mientras los otros la siguen.

Como líder, serás la primera persona en perseverar, porque la perseverancia siempre vencerá sobre la inteligencia. Por eso, nunca te rendirás. Por muy 'malos' que se pongan los tiempos, por muy difíciles que sean los desafíos, tú seguirás luchando con perseverancia hasta conseguir lo que te has propuesto.

Como líder no te quedarás sólo en palabras bonitas, no te lucirás con palabras grandilocuentes, sino que te lucirás cuando actúes. Así que ante los desafíos que pongan a prueba tu inteligencia y tu habilidad para hacer negocios; tú debes lucirte con tus actos, demostrando que eres líder, que eres perseverante, y que nunca te rendirás.

Cuando tú eres la primera persona en dar el ejemplo de cómo se debe actuar, de cómo se debe reaccionar ante los desafíos que se presentan, los demás se sienten impulsados a seguirte.

7. Debes expandir tu zona de confort

Todos tenemos nuestra 'zona de confort', ese es el lugar en el que tenemos todo bajo control. Lo que está dentro de tu 'zona de confort', es lo que puedes cambiar, porque está o puede estar bajo tu control.

Por ejemplo, no tienes el control sobre lo que harán tus vecinos, ni tienes el control sobre las decisiones que toman los gobiernos, todo eso está fuera de tu 'zona de confort'; pero sí que tienes el control sobre lo que tú puedes hacer, y sobre todo, puedes tomar el control de todo lo que piensas y sientes. ¿Por qué esto es importante?

Porque todos los días se te bombardea con mensajes que te infunden temor. ¿Qué sucederá si cedes el control de tus pensamientos?

Lo que sucederá, es que todos esos mensajes de temor que recibes a diario penetrarán en tu mente subconsciente, creando programas o paradigmas mentales basados en el miedo, y de ahí en adelante, todas las decisiones que tomes se basarán en el miedo. ¿Es el miedo un buen consejero? No, de hecho es el peor.

El miedo paraliza la razón, nubla el juicio de las personas, las hace actuar por instinto; lo que significa que dejan de lado su raciocinio, dejan de lado su inteligencia para actuar por temor.

Por otro lado, cuando eliges concentrarte en cambiar lo que sí está dentro de tu 'zona de confort', es decir, lo que está bajo tu control; entonces puedes tomar buenas decisiones tanto en tiempos difíciles como en los tiempos buenos.

Pero lo mejor de todo, es que cuando tomes el control de lo que puedes cambiar dentro de tu 'zona de confort', estarás en condiciones para salir de esa zona de comodidad y expandirla; así se hará cada vez más grande. Esto significa que tu influencia en tu propia vida y la vida de otros va ir en aumento.

Por ejemplo, cuando tomas el control de tu alimentación para hacerla más saludable, tu 'zona de confort' se expande, y empiezas a tener el poder de cambiar otros hábitos en tu vida, como hacer ejercicios, dejar de fumar, etc.

En nuestras finanzas, por ejemplo, a las personas les cuesta mucho conservar algo de dinero. Su 'zona de confort' llega hasta el momento en el que cobran su salario y lo gastan absolutamente todo. Muchos incluso viven por encima de sus circunstancias usando sus tarjetas de crédito de modo irresponsable. ¿Qué pasa si deciden aprender a tomar el control de sus finanzas? Que su 'zona de confort' empieza a expandirse.

Después de tomar el control de sus finanzas, esas personas pueden empezar a apartar algo de dinero para pagar sus tarjetas de crédito, y cuando toman el control de su deuda, su 'zona de confort' se expande aún más. Cuando han pagado su deuda, se encuentran con un excedente que pueden usar para invertir en su propio emprendimiento, y así su 'zona de confort' sigue expandiéndose.

Esa es la forma en la que muchas personas han pasado de ser pobres y endeudados a ser líderes millonarios. Tú sólo necesitas liderarte y salir de tu 'zona de confort'.

En tu emprendimiento, como líder de éxito, empezarás por tener influencia en lo que tú haces; para luego salir de tu 'zona de confort' y expandir tu influencia a los miembros de tu equipo. En poco tiempo, te rodearás de un número selecto de colaboradores cercanos sobre los que tendrás mucha influencia y que pasarán a ser tu círculo de influencia inmediato. Luego, seguirás saliendo de tu 'zona de confort', y por eso, los resultados de tu equipo saltarán a la vista, y otras personas se interesarán en formar parte de ese equipo. Así tu influencia seguirá creciendo.

Tus clientes y socios podrán observar los resultados de tu trabajo como líder y los de tu equipo, y por eso confiarán más en ti, y como resultado, tu 'zona de confort' se expandirá aún más.

Como puedes ver, tú deber es tomar el control de tu 'zona de confort', si lo haces bien, tu 'zona de confort' se expandirá cada vez más.

Por otro lado, no sirve de nada que te amargues por cosas que por ahora están fuera de tu 'zona de confort'. Sin embargo, cuando te concentras en mejorar lo que está dentro de tu 'zona de confort', esa zona se expande y empiezas a tener influencia sobre más y más cosas y personas fuera de tu 'zona de confort'.

Ampliando tu 'zona de confort', notarás que cada vez te vuelves más eficiente, consigues más y mejores relaciones, y podrás ver cómo tu influencia aumenta.

8. Debes aprender las lecciones que te da la vida

Si lo piensas por un momento, notarás que todo lo malo que pudiera ocurrirte, viene para enseñarte algo. En la vida, todos los desafíos aparecen para darnos lecciones. Es más, si te niegas a aprender la lección que te da la vida, la lección (el problema) volverá una y otra vez hasta que aprendas lo que la vida quiere enseñarte.

Esa es la razón por la que a algunas personas les parece que sus problemas se repiten. La vida trata de enseñarles, pero muchas personas se niegan a aprender. ¿Por qué?

Porque tu mente se niega a mostrarte tu propia realidad. Tu mente subconsciente te protege de la realidad y crea para ti una fantasía en la que las cosas están mejor de lo que en realidad están. Eres tú quien elige, de manera consciente, ver la realidad y cambiarla.

Cuando enfrentas los desafíos en vez de tratar de ignorarlos, estás optando por vivir en la realidad, y cuando aprendes la lección que esos desafíos vienen a enseñarte, tu vida se enriquece. Cuando eliges buscar la lección que puedes aprender de tus desafíos, entonces la situación toma un significado completamente nuevo. ¿Cómo debes enfrentar los desafíos? Concentrándote en la solución.

Lo más fácil de hacer, y lo que hace la mayoría de las personas, es concentrarse en el problema o desafío. Por eso se quejan y quejan de las cosas que les suceden, tratan de encontrar el porqué de sus desgracias, buscan culpables, y procuran la compasión de otras personas. Tú eres un líder, tú debes concentrarte en la solución.

Cuando te concentras en encontrar la solución, no tienes tiempo para enfrentar a los culpables, no tienes tiempo para quejarte ni para buscar compasión. Tú estás enfocado en encontrar la mejor solución lo más pronto posible.

Por eso investigas, consultas con tu equipo cercano, buscas a tus mentores y pides consejo, y haces todo lo que puedas para encontrar la solución.

Ser líder no es llegar al éxito en solitario, yo también tengo un equipo que cree en mi visión, y mentores que me asesoran. Todos ellos me han llevado a ser el líder que soy y a cumplir lo que yo he querido lograr. Si tú quieres tener éxito, también necesitas de un equipo y mentores que crean en tu visión.

El lider se auto-motiva por su gran valentia y coraje que posee. La auto-motivacion es el razgo de caracter del invencible.

Capítulo 3

Liderazgo con motivación ilimitada

¿Es posible tener motivación ilimitada? Sí, y de hecho los líderes deben tener ese tipo de motivación si quieren lograr el éxito. ¿Cómo se puede tener motivación ilimitada? Lo primero que debes hacer es conocer bien las características de la motivación. Vamos a verlas:

Motivación interna y externa

Puedes tener motivación externa o interna. Cuando tu motivación es interna, eres tú quien tiene el control de tu motivación; porque nace dentro de ti. Por el contrario, cuando tu motivación es externa, dependerás de factores externos para sentirte motivado. En otras palabras, tú no tendrás el control de tu motivación, sino que el control de tu motivación lo tendrán otros. Por ejemplo:

¿Alguna vez has estado en un lugar en el que se canta Karaoke? En esos lugares siempre hay dos tipos de personas: las que cantan bien y las que cantan mal. Ahora bien, cuando las personas comienzan a cantar con una pista musical de fondo, sucede que algunos de los que cantan bien dejan de cantar debido a la burla de sus amigos. Sin embargo, algunos de los que cantan muy mal siguen cantando a pesar de la misma burla de sus amigos. ¿Por qué sucede esto?

Esto se debe a que la motivación de algunas personas que cantan bien, viene de sus amistades. Esto significa que su motivación es externa. Por eso, en cuanto sus amigos rechazan su forma de cantar, esas personas pierden la motivación.

Al mismo tiempo, hay otras personas a las que no les importan las burlas y siguen cantando. ¿Por qué? Porque su motivación para cantar es interna. Esas personas cantan para ellas mismas, y por eso no les importa si cantan mal o no.

Como la persona que canta para ella misma, tú debes tomar acción sin importar lo que los demás piensen de ti. Cuando caes en la trampa de preocuparte por lo que los demás piensan de ti, esa preocupación te roba la motivación y se interpone en tu camino al éxito. El temor a lo que digan o piensen los demás, bloquea tu potencial y te limita.

La motivación externa positiva es más común en las relaciones familiares, laborales y sociales; y aunque es poderosa, tiene la desventaja de desvanecerse cuando pierdes la aprobación de las personas que te motivan. Por el contrario, la motivación interna te hará continuar incluso en contra de la voluntad de otras personas; porque no dependes de nadie para sentirte con motivacion.

Conoce las dos caras de tu motivación

La motivación, como muchas otras cosas en la vida, tiene dos caras. Existe la motivación positiva y la motivación negativa. Es fácil ver las razones que te motivan a hacer algo, pero cuando tienes que identificar las razones que te motivan a no hacerlo, es un poco más difícil poder verlas.

La razón es que desde niños se nos ha enseñado a pensar en términos de motivación y desmotivación, por eso, tú tratarás de conseguir una explicación para tu 'desmotivación'. Sin embargo, la verdadera razón no es la desmotivación, sino la 'motivación negativa', es decir, las razones que te mueven a no actuar, y que poco tienen que ver con las razones que deberían motivarte.

Esto puede notarse claramente cuando la motivación externa y la motivación interna entran en conflicto. Por ejemplo, supongamos que estás montado tu propio emprendimiento, y como suele suceder, al principio demanda mucho tiempo y sacrificios, largas jornadas de trabajo y tener pocas horas de sueño.

Al principio tienes mucha motivación, porque tus amigos te felicitan y te animan a sacar adelante tu negocio (algunos, otros por su envidia quieren que no lo hagas, pero ese es otro tema). Tu familia está muy feliz de que priorices tu emprendimiento, y el futuro se vuelve brillante.

Pero esa motivación no suele durar mucho. ¿Por qué? No es porque las otras personas te rechacen, por el contrario, ellas siguen tratando de motivarte. Entonces, ¿qué sucede?

Lo que sucede es que cuando llegas a casa, es muy tarde, sientes cansancio, deshidratación, y tienes un hambre voraz después de trabajar todo el día sin comer nada para sacar adelante tu emprendimiento. Es tanto el cansancio que duermes mal, y si los siguientes días se repite la misma rutina, tu motivación empieza a esfumarse. ¿Qué te está sucediendo? ¿Es que te falta fuerza de voluntad?

El problema es que se está produciendo un conflicto entre tu motivación externa y tu motivación interna, y cuando esas dos motivaciones van en caminos opuestos, la motivación interna siempre saldrá vencedora, porque es mucho más poderosa.

¿Cuál es tu motivación interna? Tu mente subconsciente y tu mente inconsciente están programadas para conservarte vivo a toda costa. Por esa razón, si voluntariamente haces que tu cuerpo pase hambre y sed, y si le haces gastar mucha energía que no repones rápidamente; tu mente te hará desistir de torturar tu cuerpo, y no importan cuánta motivación externa tengas, tu motivación interna saldrá vencedora.

¿Puedes notar que tu motivación externa es positiva y tu motivación interna es negativa? Las razones para no emprender, no tienen nada que ver con las razones para emprender. Así que en realidad no se trata de que tu motivación se esté debilitando; sino de que existen dos motivaciones opuestas que luchan teniendo sus propios motivos.

¿Qué puedes hacer para seguir teniendo la motivación para trabajar en tu emprendimiento? Tienes que cambiar tu motivación interna. Esto se logra eliminando lo que tu mente reconoce como tortura sistemática. Por ejemplo, comiendo a las horas acostumbradas, manteniendo tu hidratación y descansando bien por las noches. Así eliminarás la motivación interna negativa que te está empujando a abandonar tu emprendimiento, y podrás aprovechar la motivación externa positiva para seguir adelante.

Esto aplica a cualquier aspecto de tu vida: sea que se trate de tener tu propia empresa u organizacion, formar una familia o cualquier cosa que quieras lograr en tu vida. Necesitas eliminar cualquier conflicto que exista entre tu motivación interna y tu motivación externa.

Por supuesto, puede suceder exactamente lo contrario. Por ejemplo, puede que seas un joven que quiere emprender mientras estudia en la universidad, y en tu familia traten de desanimarte diciéndote que no podrás hacer las dos cosas, que tu rendimiento disminuirá y que estás tratando de "asar dos conejos al mismo tiempo". Esa sería una motivación externa negativa.

Pero puede que haya dentro de ti, una fuerte motivación interna positiva que te mantenga estudiando y emprendiendo a pesar de la motivación externa negativa. Tu motivación interna será tan poderosa que tomarás los comentarios negativos de tus familiares como un desafío personal, y te decidirás a seguir adelante con tu emprendimiento pase lo que pase.

Ahora bien, si la motivación interna es tan poderosa, ¿cómo puedes desarrollarla?

¿Cómo se desarrolla la motivación interna?

Para desarrollar tu motivación interna, debes conocer las dos razones que motivan internamente a todos los seres humanos: 'evitar el dolor y obtener placer'.

En realidad, tu mente no quiere dinero, ni comida, ni cariño. Lo que realmente busca es 'obtener el placer' que le produce el cariño, 'obtener el placer' que le produce la comida y 'obtener el placer' que le produce tener dinero y comprar cosas.

Por otro lado, tu mente se motiva a hacer cualquier cosa que le 'evite el dolor'. Es por eso que las personas pagan primas de seguros, y luego rezan para nunca tener que usarlas. Si entiendes que la motivación interna se produce para 'evitar el dolor y obtener placer'; podrás premiar a tu mente para motivarte internamente.

Por ejemplo, hay muchas personas en el mundo que nunca han probado un mango. Si nunca hemos probado un mango, difícilmente se nos hará agua la boca al verlo.

Sin embargo, si alguna vez tú has probado un mango que haya estado en su punto exacto de madurez, y ves un mango; tu mente subconsciente traerá el recuerdo agradable del sabor del mango, y de seguro te sentirás motivado a 'obtener el placer' de comerlo.

Esto significa que, en muchos casos, la motivación interna tiene mucho que ver con el conocimiento previo, o con los recuerdos que tengas en tu memoria. Si tu mente subconsciente conoce cuál es la recompensa (el placer) que recibirá por una acción, de seguro hará que sientas una fuerte motivación interna.

Podemos decir entonces, que en algunos casos la motivación interna es como un ciclo en el que lo que haces influye en tus expectativas, y esa expectativa influyen en la motivación interna (sea positiva o negativa) que sentirás para repetir la acción.

Por otro lado, la curiosidad también funciona como un fuerte motivador. Cuando sientes curiosidad, tu mente no conoce cuál es la recompensa; pero lo que motiva a la curiosidad, es que la mente 'obtiene placer' por la expectación. Esto significa que lo que motiva a tu mente es la exploración de lo desconocido.

Por ejemplo, imagina a un niño que mira a los adultos comer chocolate. Él se siente motivado por la curiosidad, pues a juzgar por las caras de los adultos, esa 'cosa marrón' parece deliciosa.

Su curiosidad le hace sentir placer, y lo motiva internamente a probar por primera vez una barra de chocolate, aunque no sabe si le gustará o no.

El resultado de su curiosidad será la agradable sensación de placer que la mente del niño registra por el sabor y la textura del chocolate. A partir de ahora, será ese recuerdo lo que le motivará de forma cíclica a volver a comer chocolate.

La motivación y el por qué

Si quieres tener motivación ilimitada, debes tener un por qué. Tener muy clara en tu mente la visión de lo que deseas lograr es muy importante, pero es imprescindible que exista un por qué poderoso.

Imagina a una joven que quiere estudiar medicina porque en esa carrera se gana dinero. ¿Te parece un por qué poderoso? La mayoría de los que empiezan la carrera de medicina con ese por qué, no consiguen terminar sus estudios, porque es un por qué débil.

Otros estudian medicina porque sus padres se los exigen. Este por qué hace que algunos terminen su carrera, pero la mayoría no ejercen la medicina porque ese es un porqué muy débil.

Ahora imagina a una estudiante que dice que desea estudiar medicina para tener su propia clínica, donde pueda desarrollar sus propias investigaciones y convertirse en una eminencia en cierta especialidad salvando la vida de otras personas.

Ese es un por qué poderoso. Si observas con cuidado, es un por qué en el que esa estudiante se imagina a sí misma con su clínica, se imagina a sí misma siendo una eminencia en su especialidad, y se imagina a sí misma salvando la vida de otra persona.

Cuando tengas que establecer tu visión de futuro, es muy importante que exista un por qué poderoso que te haga estremecer cuando te imagines realizando ese por qué. Esa ha sido la falla de muchas personas talentosas que no han alcanzado sus sueños. Un por qué poderoso te dará motivación ilimitada.

Cómo motivar a tu equipo

Si tu equipo está motivado, podrá enfrentar cualquier desafío y tener éxito. Pero si tu equipo no está motivado, todos los desafíos se volverán montañas imposibles de superar. ¿Qué es lo primero que debes hacer? Motivarte.

Tú debes ser el primero en estar motivado si deseas motivar a los miembros de tu equipo. ¿Cuál es el segundo paso?

Debes tener metas fáciles de visualizar. Esto significa que tus metas nunca deben ser abstractas. ¿Por qué? Porque para la mente de los miembros de tu equipo, es muy difícil conectarse emocionalmente con una idea que no pueden imaginar con facilidad.

Por ejemplo, una meta abstracta puede ser: "Nuestra meta para este trimestre es alcanzar un 70% de efectividad".

Una meta así no consigue inspirar a ningún equipo de trabajo, ni siquiera al propio líder. ¿Por qué? Porque es demasiado abstracta y por eso no consigue despertar emociones positivas en tu mente.

¿Cómo puedes lograr que tus metas se transformen en imágenes poderosas con las que tú y tu equipo de trabajo puedan identificarse? Poniendo imágenes emocionales positivas en esas metas.

Por ejemplo, puedes proponer la misma meta de la siguiente forma: "Nuestra meta para este trimestre es que de cada diez personas que entren por esa puerta, siete salgan felices, con una sonrisa, y con su contrato firmado." ¿Puedes ver lo fácil que es imaginar la misma meta? ¿Puedes notar cómo se agrega el aspecto emocional?

Has transformado una meta fría y abstracta, en una poderosa imagen emocional que todos pueden imaginar con claridad e identificarse con ella. La imagen de clientes saliendo sonrientes y felices después de firmar el contrato es muy poderosa como para que tu mente y la mente de los miembros de tu equipo puedan ignorarla. ¿De qué manera esa motivación se vuelve cíclica?

Cada vez que tú y los miembros de tu equipo vean a un cliente salir con una sonrisa y su contrato firmado, esa meta emocional se retroalimentará para volverse más fuerte. Así, la motivación interna se volverá cíclica.

Usa esta forma de plantear tus metas y haz que tu equipo pueda verla con claridad. Apela a sus emociones, hablándoles de felicidad, sonrisas, alegría, placer, tranquilidad y satisfacción.

Si logras proponerte y proponer a tu equipo metas positivas de este tipo, no necesitarás estar empujando a su equipo. Tu liderazgo será tan poderoso que ni siquiera tendrás que estar ahí. La meta que les has propuesto será tan poderosa que los mantendrá trabajando motivados y con el impulso necesario para alcanzar esa meta, e incluso superarla.

En tercer lugar, debes usar la sinergia. La sinergia también suele llamarse la 'Mente Maestra', porque se trata de un fenómeno en el que las mentes de todos en tu equipo se conectan a un nivel superior en el que el resultado es mayor que la suma de sus partes.

Esto significa que cuando todo el equipo piensa en el mismo sentido positivo, las ideas que surgen y las soluciones creativas que se encuentran, superan todas las expectativas.

Así que como líder, debes permitir que la sinergia ocurra, que la Mente Maestra se produzca y que tú puedas ver el potencial de esta herramienta de liderazgo.

Esto sólo ocurrirá si tú paras de hablar y empiezas a hacer preguntas que animen a los miembros de tu equipo a expresar sus opiniones. Si tú les escuchas con atención y respeto; ellos se sentirán motivados a abrir sus mentes y la sinergia se producirá.

Esto es especialmente útil cuando te enfrentes a los desafíos que son comunes en los emprendimientos. Debes aprovechar esa coyuntura para poner en marcha la sinergia, escuchando y haciendo preguntas que motiven a los miembros de tu equipo a compartir sus puntos de vista y encontrar ideas alternativas para enfrentar cualquier desafío.

En cuarto lugar, debes conocer las habilidades y preferencias de cada uno de los miembros de tu equipo. Conocer sus preferencias te tomará más tiempo y más esfuerzo en fortalecer la relación personal con esa persona. ¿Por qué esto es importante?

Porque no todos los miembros de tu equipo realizarán los mismos trabajos con el mismo nivel de excelencia, pues tienen habilidades y preferencias diferentes. Te corresponde a ti como líder, escoger a la persona adecuada para hacer cada tarea al nivel correcto.

Por ejemplo, puede que un miembro de tu equipo sea minucioso y detallista; mientras que otro esté más orientado a entregar resultados inmediatos. Cada uno de ellos te será mucho más útil en una faceta específica o en un nivel específico de tu proyecto.

Tú debes conocer y poner a prueba las preferencias de los miembros de tu equipo. Por ejemplo, si un miembro prefiere hacer la investigación para producir y analizar gráficos, mientras que a otro le gusta más hacer las llamadas a los clientes o proveedores; tú debes ponerlos a prueba para constatar si su preferencia se convierte en productividad fuera de serie.

Muchos líderes han descubierto que la productividad de su equipo se dispara cuando permite que algunos de ellos (no todos) hagan la tarea que más disfrutan. Pero eso sólo será posible si tú como líder te tomas en tiempo para conocer bien a los miembros de tu equipo.

En quinto lugar, debes entender qué motiva a los miembros de tu equipo a corto plazo, y qué les motiva a largo plazo.

En muchas empresas, la motivación se centra sólo en la parte económica, por eso, las estrategias para mantener motivado al equipo nunca van más allá de incrementos salariales, bonos y otros incentivos monetarios. Pero el problema es que el dinero es un incentivo de muy corto plazo. En poco tiempo el aumento de salario ya no les alcanzará y de nuevo se sentirán frustrados y explotados.

La verdad es que las personas se motivan a largo plazo cuando sus necesidades emocionales son satisfechas. ¿Cuáles son esas necesidades emocionales?

Por ejemplo, todos los seres humanos tenemos la necesidad de pertenencia. Esto significa que tú te sientes más satisfecho si perteneces a algo que es más grande que tú.

Esta necesidad emocional lleva a las personas a apoyar a un equipo deportivo, a unirse a una religión en particular o a sentirse parte de una organización que satisface esa necesidad de pertenencia.

Si tú consigues la forma en la que tu equipo se sienta como una familia, ya habrás satisfecho esa necesidad fundamental, y tu equipo estará motivado.

Ahora bien, nadie quiere estar en una familia en la que sólo hay problemas, intrigas y discusiones. Así que si quieres motivarlos, debes asegurarte de que exista un ambiente agradable de trabajo.

Esto se logra atendiendo los pequeños malentendidos de inmediato, para aclararlos o resolverlos si es necesario. Los malentendidos en un equipo, pueden convertirse en grandes problemas si no se atienden a tiempo, y pueden dañar tu ambiente de trabajo.

Por otro lado, las personas necesitan sentirse útiles y valoradas. Si tú implementas una política en la que se reconozca el esfuerzo y se celebren los triunfos, mostrando sincera gratitud por la contribución única que cada uno de los miembros de tu equipo aporta a la organización; estarás logrando satisfacer esta necesidad emocional de los miembros de tu equipo, y los estarás motivando a largo plazo.

En sexto lugar, debes evitar a toda costa las competencias negativas dentro de tu equipo.

Muchos líderes tienen la idea equivocada de que deben poner a los miembros de su equipo a competir unos contra otros por un premio. Con esto sólo lograrás dividir a tu equipo y acabar con la cohesión que hayas logado hasta ahora. Si se ha de premiar por alcanzar una meta, esto debe producir beneficios para todos los miembros del equipo. Nunca cometas el error de dividir a tu equipo.

En séptimo lugar, debes darles la oportunidad de crecer. Casi nadie quiere estar haciendo el mismo trabajo para siempre, todas las personas quieren desarrollarse profesionalmente.

Si los miembros de tu equipo creen que en su trabajo todo será siempre igual, no se sentirán motivados. Por eso, ellos deben saber que con el tiempo, su esfuerzo será recompensado con un ascenso en lo que estan desarrollando.

Tener la perspectiva de escalar posiciones dentro del organigrama de tu organización les motivará a dar lo mejor de ellos mismos y los mantendrá motivados a largo plazo.

Hazlo, ¿y si tengo miedo? Hazlo con miedo pero hazlo.

Capítulo 4

Liderazgo para vencer el miedo

El miedo es una emoción que puede sentir hasta el mamífero más poderoso de la tierra. Pero el miedo que siente el ser humano es muy especial. ¿Por qué?

Porque el ser humano es el único ser vivo de este planeta que puede sentir miedo del futuro, de lo que aún no ha llegado. Esa es la razón por la que millones de personas no se arriesgan, y sólo apuestan a lo seguro.

Ese miedo hace que las personas permanezcan en empleos que odian, porque les aterra la posibilidad de quedar desempleados, y muchas otras se casan con personas que no aman porque tienen miedo de permanecer en la pobreza por el resto de su vida.

Muchas personas talentosas no montan sus propios negocios porque tienen miedo de fracasar y perder todo su dinero o esfuerzo. Mientras millones de personas no son capaces de expresar sus sentimientos a la persona que aman porque le temen al rechazo.

El miedo llega a niveles impensables cuando las personas dicen que prefieren ser pobres, porque tienen miedo de que el dinero los convierta en malas personas.

Por eso, es muy importante que tú aprendas a liberarte de las cadenas de tus miedos, y además, debes aprender a liberar a otras personas. ¿Qué es lo primero que debes hacer para librarte del miedo? Primero, debes saber dónde se origina el miedo.

Dónde se origina el miedo

La emoción que conocemos como miedo o temor, se origina en la parte inconsciente de nuestra mente, que como aprendimos antes, es la encargada de las reacciones automáticas que tienen que ver con nuestra supervivencia.

Así que nuestra mente inconsciente nos hace sentir miedo cuando nos enfrentamos a una situación peligrosa o desconocida, y por originarse en el inconsciente, la gran mayoría de los miedos son irracionales.

Por ejemplo, ¿no es verdad que muchas personas les temen a animales o insectos que son inofensivos? Ese es un miedo irracional.

Muchos profesionales talentosos tienen miedo de emprender; pues les aterra perder su dinero y sentirse fracasados. El temor a fracasar con un emprendimiento ha limitado sus posibilidades de riqueza y prosperidad. ¿Cómo llegan esos miedos irracionales a tu mente inconsciente?

Los seres humanos no nacemos con temor, sino con curiosidad. Los temores nacen de las ideas que tomamos de lo que escuchamos, de lo que alguien dijo o hizo, y generó esa creencia limitante.

Esa creencia entra primero en tu mente consciente, y cuando la escuchas con cierta frecuencia; esa creencia pasa a tu mente inconsciente y se convierte en un temor que limita tu vida y no te permite alcanzar sus sueños.

Otros de tus miedos pueden tener su origen en algún evento o experiencia pasada que se transformó en un temor. Por ejemplo, puede que hayas conocido personalmente a alguien que fracasó al tratar de emprender su propio negocio, y esa experiencia te haya marcado de una forma tan importante, que esa creencia se convirtió en un temor que limita tu vida. ¿Qué puedes hacer para librarte de ese temor?

Para empezar, debes dejar de abordar esos temores de manera inconsciente o irracional, y comenzar a racionalizarlos con tu mente consciente. Eso significa descubrir a qué le tienes miedo en realidad.

Por ejemplo, si tienes miedo de emprender, debes preguntarte: "¿A qué le temo realmente?" Algunas personas dirán que temen quedarse sin dinero, otras dirán que temen a lo que otras personas van a decir si fracasan, otras personas dirán que temen perder la confianza en ellas mismas y nunca más volver a emprender.

Como puedes ver, las personas no tienen miedo de emprender, sino de las consecuencias de fracasar en su emprendimiento, y cada persona puede tener un miedo totalmente diferente con relación a esas consecuencias.

Lo segundo que vas a hacer, es preguntarte de dónde viene ese temor, qué fue lo que te hizo pensar de esa forma. Esto te servirá para juzgar tus propios temores, ponerlos en duda y verificar su validez. Ese ejercicio intelectual hace que los temores empiecen a perder su poder. Por ejemplo: "¿Por qué pienso que los emprendimientos tienen que acabar mal? ¿Qué me hizo pensar de esa forma?"

Puede que hayas conocido a alguien que haya fracasado con un emprendimiento y haya quedado en la ruina. Pero si sales a la calle y miras a tu alrededor, verás a miles personas que tienen sus propios negocios, y los manejan con éxito. Además, debes saber que muchas de las personas más ricas del mundo fracasaron varias veces, pero la diferencia fue que no se rindieron.

También puede suceder que ni siquiera recuerdes qué fue lo que te convenció de que esa creencia era verdadera; pero el sólo hecho de que la pongas en tela de juicio ya debilitará ese temor.

La tercera acción, es saber si ese temor tiene fundamento.

Ya has decidido que no lo vas a creer solo porque sí. Ahora te podrás en acción para saber si tus miedos o los de alguien a quien estás tratando de ayudar, tienen verdadero fundamento.

Este paso requiere investigar para saber si tu temor tiene fundamento o no. Esta acción representará un gran avance en tu vida.

Al investigar, encontrarás que en efecto muchos emprendimientos fracasan. Pero también encontrarás el porqué de los fracasos de muchos emprendedores. Verás que algunos de ellos no sabían cómo administrar bien su negocio, muchos no se prepararon para los tiempos malos, o descuidaron su flujo de caja. La mayoría de los emprendedores que quebraron, saben cuál fue su error, y eso era lo que les faltaba para volverlo a intentar, pero esta vez con mucho éxito.

Por eso, personalmente te recomiendo que si quieres emprender y tienes miedo, lo hagas. Incluso con miedo, hazlo. Empieza con lo que tienes, pero empieza ahora mismo.

En realidad, el fracaso es sólo un desafío más que se les presenta a todos los líderes que quieren tener éxito. Debes saber que el fracaso es normal, y los líderes tenemos que aprender a perseverar para vencer al fracaso.

Enfrentar a tu mente consciente con la verdad, tiene un poderoso impacto en tu mente inconsciente. Ese será en inicio del fin de ese temor que limita tus resultados.

Cuando logres vencer uno de tus temores, empezarás a preguntarte si tienes más temores irracionales, y tu mente consciente empezará a poner en tela de juicio todos tus temores. Entonces empezarás a dudar de todos los temores que hasta hoy han limitado tu vida, y uno a uno, te empezarás a deshacer de ellos.

A continuación, analizaremos los principales temores, y verás cómo puedes vencerlos.

El miedo al cambio

Lo primero que vas a hacer es identificar cuál es el verdadero temor: ¿De qué se trata el miedo al cambio?

En realidad, el miedo al cambio se trata de 'miedo a perder'. Cuando tienes temor al cambio, sientes temor de perder todo lo que has conseguido con esfuerzo, porque se trata de cosas, situaciones o relaciones que tienen un alto valor para ti. Esto abarca tanto cosas materiales, como puestos de trabajo, compañeros, amigos, vecinos, y para muchas personas también incluye a rutina confiable con la que han vivido durante los últimos años.

Más que cualquier otra cosa, los cambios te sacan de tu 'zona de confort', de la cómoda realidad a la que te has acostumbrado. Por eso, la posibilidad de 'perder' esa comodidad puede hacerte sentir temor.

De hecho, muchas personas no tienen la vida que quieren o que sueñan; pero sienten temor de perder lo poco que tienen. A su mente le aterra la posibilidad de terminar peor de lo que estaban antes y nunca recuperar su triste situación actual.

Ahora pasarás al segundo punto: preguntarte de dónde viene ese temor. Debes preguntarte: '¿Dónde se originó mi temor a perder? ¿Qué me hace pensar que no ganaré algo mejor con este cambio?'

Poner en tela de juicio el origen de tu temor a perder, te ayudará a ver que se trata de un temor que te ha sido inculcado desde tu infancia. Por eso este ejercicio intelectual debilitará tu temor.

La tercera acción que se requiere es investigar para saber si tu temor a perder tiene fundamento o no.

Ahora, es el momento de investigar cuáles son los fundamentos de ese temor a perder. Cuando investigues, verás que el cambio es algo necesario para crecer y desarrollarte. Que necesitas salir de tu 'zona de confort' para ampliar tu campo de influencia. La historia de la humanidad ha demostrado que los grandes avances tecnológicos se deben a los cambios.

Los cambios te retan, te despiertan a un nivel mental y emocional más alto; porque te obligan a ceder el control para retomarlo de nuevo. Los cambios te hacen ser una persona mejor.

El miedo al rechazo

Lo primero que vas a hacer es identificar cuál es el verdadero temor: ¿De qué se trata el miedo al rechazo?

En realidad, el miedo al rechazo se trata de temor al juicio o la evaluación negativa de otras personas; y por esa razón, recibir un trato desagradable.

Puede que sientas ese temor en una reunión de negocios, cuando quieres hacer una propuesta, cuando quieres hacer una presentación de ventas, y sobre todo cuando quieres invitar a salir a una persona. En muchos momentos puede aparecer el miedo al rechazo.

Ahora pasarás al segundo punto: preguntarte de dónde viene ese temor. Debes preguntarte: '¿A qué se debe mi temor al juicio o la evaluación negativa? ¿En qué momento de mi vida empecé a sentir ese temor? ¿Por qué le doy tanta importancia a lo que algunas personas desconocidas puedan pensar acerca de mí?'

Esas preguntas harán que tu mente consciente ponga ese temor en tela de juicio y de forma automática empezará a debilitar ese temor. Puede que no recuerdes cuándo, ni cómo empezaste a sentir temor al rechazo, pero racionalizar ese temor, te ayudará a pasar a la tercera acción.

La tercera acción que se requiere es investigar para saber si tu temor al rechazo tiene fundamento o no. Vas a aprender que los seres humanos tienen la necesidad natural de ser aceptados por las personas de su entorno.

Pero también aprenderás que cuando alguien te rechaza, en realidad no te está rechazando directamente a ti, sino que rechaza la idea que tú estás proponiendo, y por eso no tiene ningún sentido que lo tomes como algo personal.

Por ejemplo, cuando invitas a alguien a salir y te rechaza; en realidad está rechazando tu idea de salir juntos en este momento. Por experiencia puedo asegurarte que si no te rindes, y en otra ocasión futura lo vuelves a proponer; la respuesta puede ser un sí.

Racionalizar el temor al rechazo, hará que tu mente consciente empiece el proceso de erradicarlo de tu vida.

Cuando el miedo te impulsa hacia adelante

El miedo puede hacer que pierdas una batalla, pero también tiene el potencial de ayudarte a ganar una guerra. ¿Cómo puede el miedo ayudarte a ganar? Veamos un ejemplo:

Cuando los antiguos mongoles libraban sus épicas batallas, sus sabios generales tenían el cuidado de planificar el campo de batalla para no acorralar al ejército enemigo; sino dejarles libre un camino por el que pudieran huir de la batalla. ¿Por qué harían algo así?

Porque los generales mongoles sabían que cuando un soldado no encuentra salida, cuando se siente acorralado, el miedo le obliga a pelear por su vida; y un soldado con ese miedo era mucho más peligroso que uno que sabía que en cualquier momento podía huir.

De forma paradójica, tus miedos también tienen el potencial de convertirte en un guerrero letal, impulsándote hacia adelante. ¿Cómo es eso posible?

Hay algo que pocas personas saben, pues es un secreto bien guardado por las personas ricas: ¿Sabes por qué los hijos de los empresarios exitosos terminan siendo empresarios exitosos? La verdad no se trata de dinero, porque aunque no lo creas, muchos de los hijos de los empresarios pierden todo su dinero en sus primeros emprendimientos. Sí, los ricos también fracasan.

El secreto de su éxito no se trata de lo que sus padres les enseñan, porque la realidad es que muchos de ellos son hombres y mujeres jóvenes que quieren hacer las cosas a su manera, pensando que los métodos de sus padres son anticuados. Entonces, ¿por qué terminan teniendo sus propias empresas exitosas? Por miedo.

Lo que mucha gente no sabe, es que la mayoría de los jóvenes hijos de empresarios exitosos sienten un temor horrible de tener que trabajar en la empresa de otra persona ganando un salario.

Ellos sienten miedo de nunca haber tenido éxito con su propia empresa, y es precisamente ese miedo, el que los mueve a volver a intentar tener su propia empresa cuantas veces sea necesario, hasta que lo logran. Yo lo sé porque muchos de ellos son mis amigos.

Tú también puedes usar tus temores para impulsarte hacia adelante. Por ejemplo, supongamos que quieres emprender. Para usar tu temor para impulsarte, puedes empezar a pensar como lo hacían mis amigos: ellos se imaginaban cómo se sentirían a cierta edad, cuando miraran hacia atrás y vieran que no eran millonarios porque no tuvieron las agallas para empezar a emprender.

Si como mis amigos, tú les comentas ese temor a varias personas, estarás reforzando ese nuevo programa mental en tu subconsciente, y con un poco más de repetición, lograrás introducir ese nuevo programa en tu mente inconsciente. De esa forma, tu miedo te impulsará hacia adelante, y tú tendrás eso que anelas, ser lider de tu propia organización.

Un por qué poderoso

Para enfrentarte a tus temores y vencerlos, necesitas un 'por qué' poderoso. Esto significa que necesitas una razón muy poderosa que te mueva a hacer lo necesario para vencer esos temores.

Ese 'por qué' tiene que ver con tus metas y sueños. Tiene que ver con lo que quieres para tu vida, con la vida que deseas vivir. Si encuentras en tus sueños un 'por qué' que sea lo suficientemente fuerte, si es algo que de verdad deseas alcanzar; ese por qué será más que suficiente para ayudarte a vencer tus temores.

Una vez que logres que ese 'por qué' te haga perder el miedo, tu vida ya no tendrá límites.

Concéntrate en ser la mejor versión de ti

De seguro, tú quieres ser la mejor versión de ti, pero lo que impide que muchas personas lo logren, es el temor.

¿Por qué? Porque la única forma de crecer y ser tu mejor versión, es permitiéndote cometer equivocaciones.

La verdad es que si tú te empeñas en no cometer ningún error, tampoco conseguirás ser la mejor versión de ti. ¿Por qué? Porque el temor a cometer errores te impedirá innovar.

Con el tiempo, los profesionales que no cometen errores tampoco innovan, y por eso se quedan estancados mirando cómo sus carreras se vienen a menos por no permitirse equivocarse para innovar y transformarse en la mejor versión de ellos mismos. ¿Por qué les sucede esto?

Porque llevan años trabajando en 'modo supervivencia', sólo mirando lo que hace la competencia para intentar mantenerse a la par y tratar de estar adelante. Ojo, un profesional no significa que solo son las personas con carreras universitarias, un profesional es cualquier persona que quiere lograr algo en su rama.

Este es el momento para que tú cambies del 'modo supervivencia' al 'modo crecimiento', y dejes de vigilar a tu competencia para empezar a competir contra ti, para ser mejor que ayer, a fin de que llegues a ser la mejor versión de ti.

Lo mismo les sucede a muchas organizaciones en las que se insiste en penalizar severamente los errores. Esas empresas no innovan, y no llegan a transformarse en su mejor versión, y por esa razón se derrumban.

Claro que nadie desea cometer errores, pero los errores no sólo son inevitables, sino que son imprescindibles para innovar y que llegues a ser la mejor versión de ti. ¿De qué forma pueden ser productivos los errores?

Los errores son productivos cuando eres capaz de ver tus errores, corregirlos rápidamente y seguir innovando. Cuando tú das prioridad a la innovación sobre la tendencia negativa al perfeccionismo, logras convertirte en la mejor versión de ti.

Es muy importante que los líderes tengan muy clara la importancia de probar las innovaciones permitiendo que su equipo se equivoque sin que sean penalizados. Permitir la iniciativa para innovar, es la única forma en la que tú y tu equipo se transformarán en su mejor versión.

Tú tienes el poder para decidir si las cosas malas que te suceden te derribarán o te impulsarán hacia adelante. Si eres una persona realista, podrás ver que quejarte no te llevará sino al fracaso. Lo pensamientos positivos te impulsan hacia adelante.

Capítulo 5

El carácter del liderazgo exitoso

Todos tenemos diferentes rasgos de carácter, pero los líderes comparten algunas características que juegan un papel muy importante en sus resultados.

La mayoría de tus resultados son la consecuencia de las decisiones que tomas, y esas decisiones están determinadas por la persona que eres. Así que tu éxito depende de tus decisiones, y tus decisiones dependen de tu carácter.

Esto significa que solo tú tienes el poder para cambiar tu realidad, eres tú el encargado de tomar las decisiones que harán que tus circunstancias cambien.

Millones de personas aseguran que quieren cambiar sus vidas, pero cuando tienen frente a ellas la oportunidad de tomar las decisiones para hacer esos cambios; la mente se les llena de pensamientos negativos que les impiden ver la oportunidad y deciden dejarla pasar y seguir con la vida o las circunstancias que odian.

Si no has alcanzado el éxito con el que sueñas, debes saber que son tus pensamientos negativos los que impiden que tengas éxito.

¿Por qué tienes la tendencia a ser una persona negativa?

Los seres humanos tenemos la tendencia a ser negativos porque es lo más fácil. La verdad es que no se requiere de ningún esfuerzo para encontrar los aspectos negativos de cualquier situación en la vida.

Sin embargo, tener un punto de vista positivo y más allá de eso, desarrollar una actitud positiva; sí exige un gran esfuerzo deliberado y continuo.

Ver el lado positivo de las cosas y circunstancias que te rodean requiere de mucho esfuerzo, porque no es automático, sino que debe ser razonado con tu mente consciente y tomar la decisión deliberada de ser una persona positiva. Esa es la razón por la que la mayoría de las personas no están dispuestas a hacer ese esfuerzo para mejorar su vida, para ubicarse del lado positivo de la situación.

Ahora bien, muchas personas negativas afirman que en realidad no son negativas, sino que sólo son 'realistas'. ¿Quiere decir que una persona que piensa de manera negativa es más realista que otra que piensa o tiene una actitud más positiva?

Piensa por un momento en un emprendedor que, por alguna circunstancia, ve que todo su trabajo y esfuerzo durante la pasada semana no sirvió de nada. En palabras simples, perdió una semana de trabajo, esfuerzo y sacrificio.

Cuando se entera de que su trabajo no ha servido de nada, siente que su presión arterial se eleva y empieza a molestarse. ¿Qué hace?

Comienza a desahogar su ira tirando todas las cosas de su escritorio y golpea su escritorio gritando maldiciones y palabrotas. Después de descargar su ira con su escritorio; pasa el resto del día muy molesto y frustrado, pensando en el tiempo y el esfuerzo perdido.

A varias calles de allí, otro emprendedor también se entera de que todo su trabajo y esfuerzo durante la pasada semana no sirvió de nada. En palabras simples, él también perdió una semana de trabajo, esfuerzo y sacrificio. Él también siente que su presión arterial se eleva y empieza a molestarse. ¿Qué hace?

Se detiene un momento, y respira profundo. Luego piensa: "Tengo que ser realista, las cosas no van a cambiar porque yo me moleste. Me provoca tirar todo al suelo, pero con eso no conseguiré ningún resultado positivo."

¿Quién de los dos te parece que es más realista? Uno de ellos hace lo que es más fácil de hacer: se deja llevar por la ira. El otro hace lo que es más difícil de hacer: toma el control de sus emociones.

Después del arrebato de ira, el primer emprendedor se va a ver a uno de sus amigos para contarle lo que le ha ocurrido. Después de explicarle que ha perdido todo el trabajo y esfuerzo de una semana, su amigo le dice algo como: "¡Qué desgracia lo que te ha ocurrido! Es una lástima que a las personas trabajadoras como tú les sucedan esas cosas, yo sé que tú te esfuerzas y das lo mejor de ti."

El emprendedor le escucha y se siente mejor. ¿Por qué? Porque su amigo siente 'lástima' por él.

Adictos a la lástima

Conozco a muchos emprendedores que no son líderes porque son adictos a la lástima, les encanta contar a otros lo desdichados que son y lo mal que les va, les hace sentir bien que los demás sientan lástima por ellos.

Estas personas siempre se rodean de personas que son como ellos, y en sus conversaciones tú notarás que compiten para ver a quién le está yendo peor. Por ejemplo, después de consolarlo, el amigo del primer emprendedor le dijo: "El año pasado, nosotros perdimos un mes de trabajo. ¿Te lo imaginas? Yo tenía ganas de matar a alguien."

Así compiten unos con otros en una carrera en la que parece que el mejor de ellos es aquel al que le va peor. Todo esto sucede porque son personas adictas a la lástima.

Los reconocerás porque viven quejándose de todo lo que les ocurre en su vida. Cada vez que los ves, tienen algo malo para contarte. Usan expresiones como: "Todo lo que puede salir mal, sale mal", "No sé por qué todo me sale mal" "¿Cuándo será que algo va a salir bien?", etc.

¿Qué sucede en tu mente cuando te dedicas a tener pensamientos negativos? Que tu mente subconsciente los amplifica. Tu poderosa mente subconsciente busca en los gigantescos archivos de tu memoria, y encuentra recuerdos que justifican esas palabras, con lo que tu frustración se hace más profunda y duradera.

Esa es la razón por la que la mente de las personas adictas a la lástima, sólo puede mostrarles problemas, desgracias y tristeza. Su mente sólo les muestra las cosas a las que esas personas les dan importancia, y así como piensan, así es su vida.

Pero lo peor, es que cuando te dices esas expresiones negativas, en realidad estás programando tu mente subconsciente para el fracaso.

Recuerda que ya aprendimos que tu mente subconsciente no puede diferenciar la realidad de la fantasía, así que todo lo que le dices poniendo emociones se transforma en una realidad para tu mente, e influye en su programación.

¿Qué deberías hacer a fin de programar tu mente subconsciente de una forma más positiva que te lleve a tener éxito? Veamos qué hizo el segundo emprendedor:

Lo pensamientos positivos te impulsan hacia adelante

Después de respirar profundo, el segundo emprendedor llamó por teléfono a uno de los miembros de su equipo y le dijo con voz calmada: "Me acabo de enterar que hemos perdido todo el trabajo de la semana pasada. ¿Puedes venir? Necesito que analicemos qué fue lo que hicimos mal, para que esta situación no se repita."

Una persona con el carácter de un líder nunca se volverá adicto a la lástima. Tú nunca debes ir a quejarte de las cosas que te pasan, ni mucho menos reunirte con otros adictos que compiten para ver a quien le va peor. El camino del líder es analizar lo que ha sucedido y sacar las lecciones que la vida te da para ser una persona más sabia y eficiente.

Tú tienes el poder para decidir si las cosas malas que te suceden te derribarán o te impulsarán hacia adelante. Si eres una persona realista, podrás ver que quejarte no te llevará sino al fracaso.

Cuando empieces a controlar tus emociones y tus pensamientos para hacer que sean lo más positivos posible, es cuando dejarás de ser un títere de tus circunstancias, y conseguirás que tu mente te muestre todas las soluciones a tus problemas y la forma de alcanzar el éxito en tus metas en la vida.

Además, elegir centrarnos en pensamientos positivos hace que tu mente te muestre todas las cosas buenas que tienes en tu vida, y eso te hará sentir más feliz y satisfecho. ¿Has notado que las personas que más se quejan no son felices?

Entonces, ¿qué significa ser realistas? Ser realistas significa poder ver las consecuencias de tus actos y actitudes como realmente son. Por ejemplo, ¿crees que teniendo una actitud negativa vas a tener resultados positivos? Eso no es ser realistas. Eso sería como pensar que tirar todo lo que hay en tu escritorio en un ataque de rabia hará que las cosas se solucionen. Eso es una fantasía.

Tú tienes el poder para elegir tener el carácter del líder y escoger cuál será tu actitud ante cualquier problema o desafío; sea personal, familiar, social, laboral o de cualquier otra índole.

Nunca deberán ser las circunstancias las que definan la actitud que mostrarás ante los desafíos. Si permites que las circunstancias decidan cuál será tu reacción, te transformarás en un títere de las circunstancias; y un líder no es un títere, un líder es alguien que tiene el control.

Para tener el carácter del líder, tú debes ejercer tu libertad para escoger cuál será la actitud que mostrarás ante los eventos o circunstancias que la vida pone frente a ti. Tú puedes y debes elegir enfrentar los problemas y desafíos que te dificultan la vida con una actitud positiva.

Ahora bien, hay otra forma de pensamiento positivo que debes desarrollar para tener el carácter del líder.

Si lo crees, lograrás hacerlo realidad

¿Ahora mismo tienes la vida que has soñado? ¿Vives una vida de abundancia? ¿Has alcanzado tus metas en la vida?

Para bien o para mal, tus pensamientos son los que le dan forma a tu vida. Por eso, si quieres cambiar tus circunstancias, tener éxito y vivir la vida de abundancia que deseas, es necesario que cambies tus pensamientos. ¿Qué es lo que debes cambiar de tus pensamientos? Debes cambiar lo que crees.

Si estás convencido de que eres capaz de mejorar tu vida al punto de lograr lo que sueñas, esa creencia se hará una realidad. Pero si crees que te falta preparación, que te falta experiencia, o que te falta alguna otra cosa para lograr lo que sueñas, nunca vas a alcanzar lo que te propones.

Por ejemplo, supongamos que tú quieres convertirte en inversionista de bienes raíces. Pero crees que te falta dinero para ese negocio; porque has escuchado que se necesita mucho dinero para invertir. ¿Qué crees que sucederá? Que simplemente no lograrás convertirte en inversionista.

¿Sabes que hay personas con menos recursos económicos que sí lograron convertirse en inversionistas de bienes raíces? ¿Por qué ellas lograron la meta con la que soñaban? Porque sólo lograrás hacer realidad aquello en lo que crees.

Si de verdad crees que puedes llegar a ser inversionista de bienes raíces, lo lograrás. No importa si tienes mucho o poco dinero, o tiempo. Pero si crees que las razones por las que no puedes hacerlo son válidas, no lo lograrás.

Son tus pensamientos de aptitud o ineptitud los que se convertirán en una realidad en tu vida. Si estás convencido de que no puedes, estarás en lo cierto, ¿por qué?

Porque tu mente no te mostrará ninguna de las formas en la que puedes hacer realidad tus sueños. Por el contrario, te mostrará todas las razones por las que es imposible que logres esos sueños.

Pero si estás convencido de que en efecto eres capaz de lograr eso que sueñas, entonces tu mente te mostrará todas las formas y soluciones a los desafíos que enfrentarás a fin de hacer realidad todos tus sueños.

Es tu poderosa mente subconsciente la que te muestra las razones por las que no puedes lograr lo que sueñas. Tu mente te mostrará todas las razones 'lógicas' para sustentar tu fracaso.

Pero cuando sí crees que puedes lograrlo, es esa misma mente subconsciente la que te dará el ingenio para descubrir cómo hacerlo, la destreza para desarrollar los hábitos y habilidades que hacen falta, la creatividad para encontrar soluciones a los desafíos, y la energía que necesitarás para lograr lo que te has propuesto.

Como puedes notar, para ser una persona negativa y no hacer nada sólo hacen falta 'razones'; pero para ser una persona positiva y lograr lo que sueñas no hacen falta razones, sólo necesitas tener la convicción de que puedes lograrlo. Si tienes la convicción, aunque no tengas 'razones', tu mente subconsciente te dará el ingenio, las destrezas, la creatividad, y la energía para lograrlo.

Esa es la forma en la que personas con pocos recursos económicos han logrado ser inversionista de bienes raíces. Ellos creían, tenían la convicción de que podían lograrlo, y su mente subconsciente les dio el ingenio para descubrir cómo vencer sus limitaciones, les dio la destreza para desarrollar los hábitos y habilidades necesarias, les dio la creatividad para encontrar soluciones a sus desafíos que se les presentaron, y mucho más importante: les dio la energía para invertir con éxito en bienes raíces.

Esto aplica a todas las metas que como líder te propones. Si tú crees que no eres capaz de lograrlo o que tu equipo no es capaz de alcanzar esa meta. Lo primero que debes hacer es trabajar en fortalecer tu convicción de que tú sí puedes lograr eso que te propones.

Mucho antes de tratar de convencer a tu equipo, tú debes creerlo. Esto es de vida o muerte. Porque si tú no crees, sucederá que tu mente subconsciente saboteará todos tus esfuerzos.

Si tú no tienes la convicción de que puedes lograrlo, tu mente subconsciente no te dará el ingenio que necesitarás, y entonces no sabrás por dónde empezar, te sentirás perdido; y cuando por fin encuentres el camino…

Tu mente subconsciente no te dará las destrezas para desarrollar los hábitos y habilidades necesarias, por lo que sentirás que no avanzas. Sentirás ineptitud, pues parecerás incapaz de hacer lo que hace falta. Cuando por fin empieces a avanzar…

Tu mente subconsciente no te dará la creatividad que necesitarás, por lo que tú sentirás que no encuentras soluciones, y que los desafíos que se presentan son muy grandes. Y sin haber podido solucionar esos problemas…

Tu mente subconsciente no te dará la energía que necesitarás para sacar adelante todo el trabajo que hay que hacer para lograr esa meta. Te sentirás exhausto, todo parecerá muy difícil y pensarás que tanto trabajo no vale la pena.

Entonces te rendirás, y tu mente subconsciente te mostrará muchas 'razones' válidas para haber tirado la toalla. Te parecerá que desistir fue la mejor decisión que pudiste tomar, y que ganas más rindiéndote que luchando por ese sueño.

Si hablamos de ser realistas, la realidad es que quien controla tu vida es tu mente subconsciente; así que si pones pensamientos negativos en tu mente, esos pensamientos se harán realidad. Pero si tienes el carácter del líder, deliberadamente escogerás poner pensamientos positivos en tu mente subconsciente, ya nunca más serás un títere de las circunstancias, ahora tú tendrás el control de tu vida, y podrás tener todo el éxito que sueñas.

¿Si eres una persona positiva todo te saldrá bien?

No, ser una persona positiva no garantiza el éxito. Pensar que todo en la vida te saldrá bien solo por ser una persona positiva, es una ilusión. Siempre habrá cosas que estarán fuera de tu control y que no van a cambiar. ¿Acaso ser una persona positiva y tener convicción, garantiza que la persona que te gusta acepte salir contigo? No.

Aunque hay muchas variantes que están fuera de tu control, cuando tienes una actitud positiva y no logras tu objetivo, tienes el poder para no permitir que ese revés perjudique tu vida, y que más bien resulte en una lección de la que siempre aprendes algo que te impulsa hacia adelante. Eso es tener el carácter del líder.

Ese fue el caso del segundo emprendedor, que también perdió una semana de trabajo, pero tuvo una actitud más positiva, no se quedó anclado en la queja, y por eso pudo aprender las lecciones que le hacen más fuerte, más eficiente, y le ayudan a crecer.

Por el contrario, una actitud negativa sí es una garantía de fracaso. Como ya has aprendido, si tienes una actitud negativa y no tienes la convicción de que puedes lograrlo; tu mente subconsciente saboteará tus esfuerzos y tu fracaso estará garantizado.

Por otra parte, como líder, debes tener mucho cuidado para no tener 'nubes grises' dentro de tu equipo de trabajo, Esas personas negativas tienen el maléfico poder de contagiar a otros con su negativismo, y cuando te des cuenta, ya todo tu equipo estará pensando que esa meta que tú les has propuesto es inalcanzable, y como ya sabes, eso saboteará todos los esfuerzos de tu equipo.

Ten el carácter del líder y deshazte de esas 'nubes grises' lo más pronto posible. Nunca entres en una sociedad con una 'nube gris', y como líder, da el ejemplo de ser una persona positiva que cree o tiene la convicción de que pueden lograr todos los objetivos que se proponen.

Nunca busques la lástima o compasión de otras personas, y no te sientes a conversar con los que compiten por la compasión de los otros, quejándose de lo mal que les va.

Elige tener pensamientos positivos y experimentarás el placer de que tu mente subconsciente te transforme en alguien que tiene el carácter del líder que hace falta para lograr todo lo que te propones.

Tienes el mismo tiempo que las personas exitosas, la diferencia esta en la productividad. Como administras e inviertes tu tiempo?

Capítulo 6

Cómo ser líder con más productividad

La productividad del líder consiste principalmente en la capacidad de producir más resultados en menos tiempo y con menos esfuerzo. En otras palabras, si tú eres una persona productiva, cumplirás con tus tareas de una forma rápida y eficiente.

Para tener la productividad del líder, tú debes ser capaz de mantener ese ritmo de productividad en el tiempo, y es ahí cuando empiezan los problemas. ¿Por qué? Porque muchas personas mantienen una alta productividad durante un tiempo, pero pronto empiezan a padecer del síndrome de Burnout. ¿Qué es el síndrome de Burnout?

El síndrome de Burnout o también llamado el 'síndrome del empleado quemado' describe los efectos perjudiciales del estrés crónico laboral en los empleados, ejecutivos, gerentes y líderes.

Las personas con este síndrome, han mantenido una rutina muy estresante durante un tiempo muy largo, y debido a eso, sufren de un severo agotamiento tanto físico como mental, que hace que ya no tengan interés por las tareas que antes le producían satisfacción, e incluso llegan a rechazar su trabajo o sus responsabilidades.

¿Qué puedes hacer para no caer en el síndrome de Burnout? En vez de ser un gerente que parezca productivo, pero que en realidad se está 'quemando'; tú puedes tener la productividad del líder. ¿De qué se trata la productividad del líder?

Se trata de utilizar con inteligencia los recursos disponibles para lograr los mejores resultados en cualquier ámbito de tu vida.

¿Cómo puedes reconocer a alguien que manifiesta la productividad del líder? Reconocerás a esa persona porque parece que para ella las cosas son fáciles, pues logra sus objetivos con menos esfuerzo, y el tiempo parece estar de su lado.

Por otro lado, existen muchos empleados, ejecutivos, gerentes y lideres que sufren de un estrés severo en su lucha por ponerse al día con sus plazos de entrega. Por eso se sienten frustrados, porque saben que no tienen el control. Por más que trabajan horas extras para ponerse al día, los pendientes siguen acumulándose.

Yo debo confesarte que durante un tiempo vivía una vida muy poco productiva, el tiempo nunca me alcanzaba y aunque amo mi trabajo, sólo me producía estrés; porque hacerlo bien, significaba esforzarme más allá de lo que era sano para mi cuerpo y mi mente. Pero eso cambió, y en este capítulo te contaré cómo lo logré.

1. Debes tener enfoque

¿Qué significa tener enfoque? Tener enfoque significa concentrarte en un objetivo e ignorar lo demás. Cuando se trata de productividad, enfocarte significa aprender a decir 'no'.

Si no aprendes a decir 'no' a las otras tareas 'importantes' o 'urgentes', ellas te distraerán de tu verdadero objetivo, y esa es la principal causa de la improductividad de muchas personas.

Se trata de lideres o gerentes que son especialistas en 'apagar fuegos', es decir, resolver problemas urgentes. El problema es que pasan la mayor parte del día trabajando como 'bomberos' a fin de 'apagar esos fuegos'. Pero tanto trabajan, que no tienen tiempo para hacer su trabajo.

La mayor parte de los problemas de productividad, vienen porque las personas no saben, o se les hace muy difícil decir que 'no' de la manera correcta.

Tú debes aprender el arte de decir 'no' sin parecer desinteresado o irresponsable. ¿Cómo puedes lograrlo?

Por ejemplo, diciendo algo como: "Puedo ayudarte, pero a partir del jueves, porque estoy terminando otro proyecto" o "Ahora mismo estoy con este proyecto y quiero hacerlo bien, debo terminarlo para el jueves. A partir de ese día puedo ayudarte con mucho gusto".

¿Cuál es el truco? El truco es que en ningún momento has dicho: 'no puedo', más bien, has dicho: 'puedo, pero…'. Por otro lado, cuando tengas que decir no, deja muy claro cuándo sí puedes. En el ejemplo se dice claramente que a partir del jueves sí puedes ayudar.

Por el contrario, hay casos en los que debes ser mucho más firme al momento de decir que no; por ejemplo, cuando te encuentras con personas que pretenden liberarse de su trabajo colocándolo sobre tus hombros.

Muchas personas talentosas caen en el síndrome de Burnout por el simple hecho de que no saben cómo decir que no. Así que si tú quieres permanecer enfocado, debes practicar todos los días el arte de decir que 'no'. Claro, se facilita cuando eres independiente y trabajas para ti.

2. Debes evitar estar ocupado en actividades improductivas

Hay una gran diferencia entre ser una persona ocupada y ser una persona productiva. Son muchas las personas que creen que son productivas porque están muy ocupadas.

Pero si tú quieres reconocer a alguien con la productividad del líder, verás que se trata de una persona que parece tener tiempo para todo, como si el tiempo estuviese a su favor.

A fin de que tú también llegues a tener la productividad del líder, debes analizar con cuidado las actividades con las que has llenado tu agenda. Si tu día está lleno de actividades atrasadas y estresantes que te agobian, entonces tu día sólo está ocupado.

Si eso es lo que te está sucediendo, no te resignes a tener una vida ocupada, tú puedes tener la productividad del líder. ¿Cómo?

Empieza por analizar con sinceridad cuáles son las cosas en tu agenda diaria que son verdaderamente esenciales y cuáles puedes delegar o eliminar por completo. Una forma es usando estas tres preguntas:

La primera pregunta es: "¿Te gusta hacer esa actividad?"

Si la respuesta es sí, tienes que asignarle un lugar en tu agenda. Pero si la respuesta es no, tienes que pasar esa actividad por hacer a la segunda pregunta:

La segunda pregunta es: "¿Alguien más puede hacer eso por ti?"

Si la respuesta es sí, tienes que asignarle un lugar en tu agenda. Pero si la respuesta es no, tienes que pasar esa actividad por hacer a la tercera pregunta:

La tercera pregunta es: "¿Esa actividad es una obligación?" Si la respuesta es sí, tienes que asignarle un lugar en tu agenda. Pero si la respuesta es no, entonces tienes que eliminarla de tu agenda.

El objetivo de que te hagas estas tres preguntas, es que todos tus días sean eficientes y productivos; que le saque el máximo provecho a su tiempo.

Si además, los miembros de tu equipo ponen en práctica las tres preguntas, ellos mismos se repartirán las actividades de una forma en la que cada uno será más productivo en lo que hace, y eso disparará los resultados de tu equipo.

Cuando apliques las tres preguntas, verás cómo tu lista de urgencias irá disminuyendo, y tendrás más tiempo para terminar las cosas realmente importantes de tu agenda. Tu día ya no estará 'ocupado', sino que dedicarás tu energía, talento y tiempo a las actividades que te llevarán al éxito.

3. Debes delegar de forma efectiva

Si quieres tener la productividad del líder, debes aprender a delegar. ¿Por qué es tan difícil delegar con efectividad?

Muchos lideres se resisten a delegar alegando que perderán tiempo entrenando a alguien en una tarea que ellos pueden hacer mejor. Otros dicen que no tienen confianza en que la otra persona vaya a hacer un trabajo de calidad; y otros no delegan porque saben que cuando se delega, se entrega parte de la responsabilidad, y que el lider también sufrirá las consecuencias si el trabajo delegado no se hace bien.

Así que en resumen, muchos lideres no delegan por temor. Puede que se trate de temor a dejar de ser imprescindibles porque enseñen a otros a hacer su trabajo, o temor a que el trabajo salga mal y todos tengan que sufrir las consecuencias.

Por otro lado, existen lideres que delegan, pero de forma muy ineficiente; son los que reparten el trabajo sólo para deshacerse de las tareas. Por eso, no evalúan con cuidado a quien le asignan un trabajo, o no les dan las herramientas necesarias para hacer el trabajo de forma satisfactoria.

Si quieres tener la productividad del líder, debes empezar por reconocer que no puedes hacerlo todo; debes arriesgarte y confiar parte de tu trabajo a otras personas y, lo más importante, aprender a hacerlo de forma efectiva.

Si has evaluado tus tareas con las tres preguntas del punto anterior, ya sabes qué cosas vas a delegar. Ahora es el momento de elegir a la persona adecuada para el trabajo. La única forma de hacer esto bien, es conociendo a la persona a quien le vas a confiar ese trabajo.

Esto es muy importante, pues no basta con leer su currículum para conocer sus aptitudes o habilidades, y mucho menos para conocer su personalidad y actitud. Tú podrás enseñarle a una persona a hacer el trabajo, pero es muy difícil que puedas enseñarle a ser educada, honesta, responsable, trabajadora, y otras actitudes necesarias que se aprenden en casa.

Antes de elegir a la persona en la que delegarás cierta tarea, es muy importante que tomes en cuenta que el candidato perfecto para delegar una tarea no existe. Así que para delegar efectivamente, tú debes ser flexible y probar a una persona en esa tarea.

Es verdad que hacer pruebas te hará perder algo de tiempo, pero lo ganarás después, cuando sepas que puedes confiar una labor en cierta persona. Con el tiempo, irás adquiriendo más experiencia y será cada vez más fácil escoger a la persona idónea para cada una de las tareas que delegarás.

Ahora que has escogido a la persona, debes tener muy presente el hecho de que 'hay muchas formas de hacer bien la misma cosa'. Esto significa que la mejor forma de hacer algo no es la forma en la que tú lo haces, sino que la realidad es que existen varias formas correctas de hacer la misma tarea, incluso con eficiencia.

Es muy importante que entiendas esto a fin de que no insistas en que las cosas se hagan 'a tu manera'. Si quieres tener la productividad del líder, debes evaluar el resultado, y no el método.

Este es el 'talón de Aquiles' de muchos lideres que no consiguen ser más productivos delegando. Para ellos, delegar significa retrasar su trabajo. ¿Por qué? Porque insisten en que las cosas se hagan 'a su manera'.

Tu objetivo no es crear clones de ti, sino entrenar personas con criterio, que efectúen las tareas de la forma más eficiente posible, y por eso, puede que para esa persona en la que has delegado una responsabilidad, la forma más eficiente de hacerlo sea muy diferente a la forma en la que tú lo harías.

Si tú quieres tener la productividad del líder, debes delegar de forma efectiva orientándote hacia los resultados. Esto significa que no deberá importarte cómo se haga, sino que el resultado final sea eficiente.

Entiendo que esto es más fácil decirlo que hacerlo, yo también insistía en que las cosas se hicieran a mi manera, pero comprendí que ese no es el camino más productivo. Tú debes enseñarle tu forma de hacer esa labor, pero después, debes permitir que la persona encuentre su propia forma de hacerlo, aunque lo haga de una forma diferente a la que tú lo harías, en el camino esa persona o futuro lider puede que se desarrolle y logre ser mejor que tu, ese sera un gran éxito en ti, formar alguien mejor que tu, te imaginas.

4. Debes usar la técnica del cine

Cuando te hayas hecho las tres preguntas, y hayas delegado efectivamente, te quedarán menos actividades por hacer, pero estas serán muy importantes. ¿Cuál es la mejor manera de llevarlas a cabo? Usando la técnica del cine.

La forma más productiva de completar un trabajo, es dividir las tareas grandes en pequeñas tareas que irás completando durante tu día. Puede que hayas notado que tu productividad disminuye después de que has pasado cierto tiempo tratando de hacer un solo trabajo. ¿Por qué te sucede esto?

Esto se debe a que el ser humano promedio sólo es capaz de mantener su concentración en una tarea durante un período máximo de dos horas. Después de esas dos horas, tu concentración empieza a disminuir, y tu productividad se reduce.

Es por eso que la mayoría de las producciones cinematográficas duran menos de dos horas. ¿Cómo puedes usar eso a tu favor?

Tienes dos horas de máxima productividad, así que si quieres tener la productividad del líder, ocúpate en una sola tarea por un máximo de dos horas, y luego cambia de tarea.

Así reiniciarás tu estado de atención y tendrás otras dos horas de máxima productividad. Esa es la técnica del cine.

Si el trabajo que estás haciendo es urgente, puedes trabajar dos horas en ello, y dejarlo por media hora, para luego retomarlo con máxima productividad. De esa forma, estarás trabajando con tus fortalezas y serás más productivo.

4. Debes aprovechar tus horas más productivas del día

¿Cuándo debes hacer las actividades más difíciles, las que necesitan de más concentración? Esas actividades debes hacerlas durante las horas más productivas de tu día.

La mayoría de las personas no se percata de que su productividad aumenta a ciertas horas específicas. Pero si lo piensas con cuidado, y si observas tu trabajo durante el día, verás que hay algunas horas en las que tu productividad aumenta de manera significativa. ¿Qué sucede si no logras identificar esas horas de alta productividad?

Si no logras identificarlas, es porque estás malgastando esas horas de alta productividad en cosas improductivas; como ponerte al día con tus redes sociales. ¡Ese es un grave error!

Tus horas de mayor productividad, son esas pocas horas del día en las que tu mente trabaja de forma más eficiente; por eso tu trabajo se vuelve fácil, y hasta parece que el tiempo está de tu lado. ¿Cuáles son tus horas de mayor productividad?

Puede que haya una diferencia entre las horas más productivas de una persona y de otra; porque no todos las personas son iguales. Pero para la mayoría de las personas, las horas más productivas son las primeras horas de la mañana. Para otras, sus horas de más productividad empiezan a mitad de la mañana, y otros son más productivos por la tarde.

Millones de profesionales talentosos tienen una productividad muy baja, porque no trabajan de acuerdo con esa característica tan importante. Sin darse cuenta, malgastan las mejores horas de su día en actividades poco productivas; como ver noticias o jugar videojuegos.

Si quieres tener la productividad del líder, tú debes cuidar esas preciosas horas de alta productividad como si tu vida dependiera de ello. Nunca permitas que tus redes sociales, las noticias, los juegos, las llamadas de otras personas, u otras actividades improductivas te roben esas horas tan valiosas.

Si te decides a usar las mejores horas de tu día para cumplir con tus objetivos, tu productividad se disparará, porque estarás trabajando a tu máxima capacidad.

Para saber cuáles son las mejores horas de tu día, empieza por dedicar las primeras horas del día a tu objetivo más importante. Las primeras horas del día, suelen ser las más valiosas y también las más productivas. Esas son las horas en las que tu mente está descansada y abierta al aprendizaje; pues no está embotada por las actividades del día. ¿Cómo sabrás si esas son tus horas más productivas?

Podrás reconocer tus horas más productivas por un fenómeno llamado 'estado de Flow'. ¿Qué es el estado de Flow?

El estado de Flow (flow state) es una situación en la que nuestra mente está tan concentrada en una labor, que todo lo demás desaparece. Es un estado de gran rendimiento productivo.

Si durante las primeras horas de la mañana logras el estado de Flow, es porque has descubierto tus horas de mayor productividad y no debes compartirlas con nadie, ni dejar que tu teléfono te saque de concentración.

Ponte la meta de no revisar tus redes sociales ni tu correo electrónico durante las primeras dos horas del día, y si los resultados te sorprenden, habrás encontrado uno de los secretos de los líderes más productivos.

5. Debes ser una persona proactiva

¿Qué significa ser una persona proactiva? Una persona proactiva es alguien que hace que las cosas sucedan. Esta es una cualidad indispensable en los líderes. Sin embargo, a fin de entender si tú eres una persona proactiva, debes compararte con lo contrario a ser proactivo. ¿Qué es lo contrario de ser proactivo? Ser reactivo.

Una persona reactiva es aquella que es especialista en 'reaccionar' a los acontecimientos que suceden durante el día. Si tú pasas el día como un 'bombero', resolviendo los problemas a medida que se van presentando como quien se ocupa de 'apagar fuegos', entonces eres una persona reactiva.

Como debes saber, esos problemas siempre son urgentes, y tú debes dejar de hacer tu trabajo para solucionarlos. Es de esa forma que tú planeas una agenda de trabajo, pero tu verdadera agenda está llena de urgencias.

Si tú eres una persona reactiva, eres víctima de las circunstancias. Es inútil que intentes planear tu día, porque tu agenda gira en torno a los acontecimientos que suceden. Sí, es verdad que eres eficiente resolviendo problemas, porque es lo que haces durante todo el día. Pero no te estás ocupando de tu verdadero trabajo.

¿Cómo es el día proactivo del líder? Como líder, tú debes tener el control de tu día. Debes ocuparte de tu trabajo durante tus horas de mayor productividad, de hecho, durante esas horas ni siquiera debes atender tu teléfono. Por eso tienes tiempo para ocuparse de prevenir los incendios, y eso reduce considerablemente las emergencias.

Si tú quieres tener un día proactivo, debes priorizar tu trabajo, para luego ocuparte de prevenir los 'incendios', así no será necesario que seas el 'bombero'; sino que resolverás los problemas cuando es mucho más fácil resolverlos: antes de que se presenten.

En ese momento comenzarás a tener el control, y dejarás de ser la víctima de tus circunstancias, para pasar a adueñarte de tu tiempo y de tu productividad.

Por ejemplo, un persona proactiva tratará y resolverá las diferencias entre los miembros de su equipo cuando aún son fáciles de resolver, pero las personas reactivas dejan pasar los pequeños avisos de que algo malo sucede, y por eso, cuando el problema se vuelve grave; deben correr a apagar el incendio que ese problema ha causado.

Si tú quieres ser una persona proactiva, debes hacer seguimiento del mantenimiento de toda la tecnología que usa tu equipo de trabajo. Pero la persona reactiva espera a que algún dispositivo deje de funcionar para correr a apagar el incendio que esa falla ha causado.

Ahora puedes entender mejor el concepto de una persona proactiva: "Las personas proactivas son las que hacen que las cosas sucedan, antes de tener que correr a apagar el incendio".

Las personas proactivos son las que tienen el control de su vida, porque saben dar su lugar a lo que es verdaderamente importante.

6. Debes sacrificar unas cosas para conseguir otras

Muchos profesionales talentosos no son productivos porque no están dispuestos a sacrificar nada para ser más eficientes. ¿Qué deberían estar dispuestos a sacrificar? La perfección.

Muchos líderes no logran ser productivos porque tienden a ser perfeccionistas. Si tú tienes la tendencia a ser perfeccionista, debes ser capaz de ver cómo tus exigencias desproporcionadas, hacen que tus tareas se retrasen debido a la necesidad de hacer algo 'perfecto'.

La exigencia irreal de la perfección, hace que te desanimes al ver que el tiempo que has dedicado a perfeccionar todos los detalles de tu proyecto, no repercute en el éxito de tu trabajo. ¿Deberías hacer un trabajo mediocre? No.

Si eres perfeccionista, lo que necesitas es equilibrio. Debes aprender a percibir qué cosas de tu proyecto necesitan perfección y qué cosas no. Debes entender que la mayoría de las cosas no necesitan hacerse de forma perfecta.

Hay tareas que no necesitan ser perfectas, pero si necesitan ser terminadas lo más pronto posible. La verdad es que los líderes que tratan de perfeccionar todo lo que tocan, no terminan casi nada; mientras que los líderes que están dispuestos a cometer errores, no paran de terminar cosas.

Si aprendes a determinar cuál es la única cosa de tu proyecto que tiene que ser perfecta, y te permites hacer todo lo demás de manera imperfecta, tu productividad se disparará.

7. Usa el poder de tu mente subconsciente

Tu mente subconsciente tiene un súper poder que puede hacer que seas mucho más productivo. ¿Cuál es ese súper poder?

Durante tus horas de sueño, tu mente subconsciente organiza tus pensamientos y fija los recuerdos en tu memoria de largo plazo, pero hace algo más que afecta a tu productividad. ¿Qué otra cosa hace tu mente subconsciente mientras duermes?

Mientras duermes, las partes consciente y subconsciente de tu mente no duermen. Así que si les dejas un problema para resolver, tu mente te ayudará a resolverlo mientras tú estás durmiendo. No desperdicies ese poder. ¿Cómo puedes usarlo?

La primera forma es planificando la noche anterior lo que harás al día siguiente, sin importar si realmente crees que lo harás o no.

Es muy importante que planifiques todas las actividades aunque sospeches que no lo harás todo. ¿Por qué? Porque le darás la oportunidad a tu mente para sorprenderte con soluciones creativas. Por ejemplo, puede que tu mente te sorprenda con una solución en la que te muestre que parte de lo que has planificado no es realmente necesario; mientras que lo que crees que no debías hacer, puede resultar ser lo más indicado para hacer de inmediato.

La siguiente forma de usar el súper poder de tu mente subconsciente, es planteándote un problema antes de dormir. Cuando tengas un problema difícil de resolver, 'consúltalo con la almohada'. Tu mente te ayudará a encontrar soluciones creativas que te sorprenderán.

Tú tienes en tus manos la posibilidad de transformarte en una persona altamente productiva. Yo mismo puse en práctica en mi vida los consejos que te he dado en este capítulo, y ahora tengo tiempo para todo, y logro alcanzar mis objetivos con mucha más eficiencia.

Haz de tu objetivo una inspiracion, y de la inspiracion tu vision. Cual es tu objectivo?

Capítulo 7

Enfócate en el objetivo correcto

Todos los líderes saben que deben estar enfocados en el objetivo, pero, ¿cómo sabes cuál es el objetivo correcto?

Para identificar cuál es tu objetivo correcto, debes aprender a tener la visión del líder. ¿Qué es la visión del líder?

Reconocerás a una persona que tiene la visión del líder, porque cuando tiene contacto con una idea, es capaz de detectar si hay una buena oportunidad. Por eso la analiza, la estudia, y proyecta un plan de negocios para crear una organización que haga realidad esa idea de negocios.

A fin de lograrlo, tú debes tener la habilidad de imaginar con mucha claridad el camino que le llevará al éxito. Esa imaginación es la que te permitirá proyectar un plan de negocios y juntar al equipo que necesitarás para hacerlo realidad.

Estar enfocado en el objetivo correcto, también significa que crees lo suficiente en tus ideas como para llevarlas a cabo. Esta es la diferencia entre una persona que hace realidad sus sueños y otra que no lo logra.

En el camino que te llevará a hacer realidad tus sueños, encontrarás muchos obstáculos y desafíos. Es por eso que se requiere de la visión del líder, pues será esa expectativa la que le dará las fuerzas para seguir a pesar de las dificultades.

Si tienes la visión del líder, aprenderás de tus errores, nunca te dejarás inmovilizar ni abandonarás tu emprendimiento cuando fracases; siempre lucharás para salir adelante sin importar cuáles sean las dificultades con las que te encuentres. Tendrás miedo, sí; pero no dejarás que el miedo te paralice.

Una persona con la visión del líder, no se conforma con ver 'los edificios desde la calle'. Su curiosidad le hace ir siempre más allá, y subirse a la azotea del edificio más alto para tener una visión más completa de la realidad. Por eso, no te conformes con el punto de vista del que ves las cosas ahora mismo; busca la forma de 'subirte a una azotea' y tener una visión más amplia de la situación.

Esto se logra, por ejemplo, cuando hablas con tus mentores para que te hagan ver las cosas desde un punto de vista diferente. O cuando en vez de buscar información sobre las ventajas de realizar ese proyecto, buscas información también sobre las desventajas. Así consigues tener un punto de vista más amplio de la realidad.

Un buen ejemplo de la visión del líder, lo encontramos en los deportistas de élite. Ellos son capaces de ver, de antemano, todo el camino que tendrán que recorrer para llegar al objetivo que se proponen.

Esto significa que ellos no sólo se ven en el podio recibiendo la medalla de oro, sino que también consiguen imaginar las largas horas de entrenamiento diario, y las metas a corto y mediano plazo que tendrá que alcanzar para acercarse a los resultados que les darán la victoria.

¿Cuáles son los pasos que debes cumplir para tener la visión del líder?

1. Debes dedicar tiempo a poner en orden las metas que te llevarán a lograr tu objetivo.

En un papel, en tu computador o en tu teléfono inteligente; toma nota de todos los pasos (metas) que te llevarán a lograr tu objetivo.

Esa planificación te llevará a ti y a tu equipo a hacer realidad ese objetivo final que te has propuesto; siempre que tengas la valentía de ejecutar esa planificación.

Muchas personas son muy buenas para planificar, pero muy malas para llevar a cabo lo que han planificado. ¿Por qué? Porque algunos de ellos se dejan seducir por la satisfacción a corto plazo, y por eso posponen las acciones que deben llevar a cabo para tener éxito. Pero también sucede que ellos mismos no confían en su planificación, y por eso la cambiarán ante el primer obstáculo que se presente en su camino.

Piensa en esto: si tú no confías en que tu planificación es la mejor forma de alcanzar el objetivo, ¿cómo puedes esperar que tu equipo confíe en esa planificación? ¿Cómo puedes alcanzar el éxito que deseas si desistes de hacer lo que has planificado por comodidad o por no tener que enfrentar los desafíos que conlleva actuar de acuerdo con lo que has planificado?

Mientras más grande sea la organización que tú tengas que dirigir, más importante será que como líder; planifiques con cuidado los pasos y las acciones que te llevarán a tener éxito, y que te asesores lo mejor que puedas; a fin de que tengas la convicción necesaria para poner toda tu confianza en esa planificación y que puedas contagiar a tu equipo con esa confianza.

Por ejemplo, supongamos que quieres emprender con una empresa de productos por aplicativo que no tenga oficinas físicas. En ese caso, las metas que te llevarán a tu objetivo pudieran ser las siguientes:

- Crear un aplicativo como Producto Mínimo Viable (PMV) y testar la reacción del público.
- Mejorar el primer aplicativo para volverlo más comercial.
- Inscribirte en el órgano regulador de tu industria.
- Contratar un asesor que conozca muy bien este mercado.
- Crear una propuesta de valor disruptiva.
- Juntar el equipo necesario para empezar con el proyecto.
- Alquilar una oficina en el centro de la ciudad y comprar el mobiliario, muchas persons optan por hacer todo virtual, escoje tu mejor opcion.

- Crear una estrategia de marketing digital y ponerla en marcha.
- Levantar una ronda de financiación para crecer, pues todo negocio necesita una inversion. Una vez que ganes dinero de alli mismo asignar un porcentaje.

Estos sólo son algunas de las metas que tendrás que cumplir para conseguir el objetivo de tener tu empresa u organización fructifera. Pero debes anotarlas para luego organizarlas en orden de ejecución.

¿Cuál será el orden correcto de ejecución? Eso dependerá de las leyes de tu país. Por eso, deben ser tus asesores con conocimiento los que te guíen al momento de anotar tus metas y decidir el orden en el que las irás cumpliendo. Esa es la diferencia entre un líder común y alguien que tiene la visión del líder.

¿Qué puede suceder si decides saltarte este paso? Puede ocurrir un desastre. Muchas personas han visto fracasar sus emprendimientos porque dejaron para después algo que en realidad era de las primeras cosas que debían haber hecho.

Como los deportistas de élite, una persona que tiene la visión del líder, es capaz de ver con mucha claridad, todas las metas que debe cumplir para llegar a su objetivo final.

2. Debes atravesar el túnel y esperar el amanecer

Puede que veas 'la luz al final del túnel', pero para llegar a ella deberás atravesar todo el túnel.

El 'túnel' que debes atravesar para lograr tu meta, se volverá muy largo, y será muy difícil atravesarlo; pero quien la visión del líder no se concentra en lo que le falta por recorrer, sino que tiene la vista puesta en la luz al final del túnel.

Tener tu visión muy clara, no te dejará distraerte con las dificultades que tendrás que enfrentar; sino que tu objetivo te mantendrá en el camino, por muy largo que parezca.

Por experiencia te digo que los túneles siempre parecen más largos de lo que realmente son, y por eso muchos emprendedores se han rendido cuando estaban muy cerca de alcanzar su meta.

Sin embargo, lo que mas ayuda a recorrerlos más rápido, es tener presente los consejos de los mentores (mentores de éxito, no teoricos). Ellos ya han recorrido esos túneles muchas veces, y en muchas ocasiones conocen los atajos por los que llegarás más rápido a la 'luz'.

Escucha a tus mentores con humildad, siente que eres un estudiante que debe aprender los secretos del oficio de emprender. Si tienes una actitud abierta al aprendizaje, tus mentores te van a dar el mejor regalo que puedes recibir: el conocimiento para llegar a tus metas a mayor velocidad y con más eficiencia. Recuerda, mentores que tengan éxito.

Por otro lado, muchos profesionales talentosos no se rinden antes de tiempo porque el túnel sea largo, sino porque es muy 'oscuro'. Esto quiere decir que las cosas se ponen muy difíciles para lograr una meta, y ni siquiera se vislumbra una salida.

Tú no debes rendirte por muy difíciles que se pongas las cosas. Recuerda que 'la noche se vuelve más oscura justo antes de que llegue el amanecer', así que puedes tener la seguridad que cuando las cosas se vuelven insoportables, es porque estás muy cerca de ver el resultado de tu esfuerzo.

Yo mismo he experimentado este asunto en mis negocios. Cuando las cosas se ponían difíciles, yo me preguntaba: "¿Puede ser peor?", y puedes creer que se ponían peor. Pero siempre, si yo lograba soportar la presión del momento que parecía insoportable, el 'amanecer' llegaba, los problemas se resolvían y mi equipo y yo lográbamos cumplir nuestra meta.

Esto significa que cuando las cosas se pongan más difíciles, no debes rendirte; pues será cuando estés a punto de ver el resultado de tu esfuerzo.

3. Debes ser flexible

Ya te he dicho que debes defender tu planificación y respetarla. Sin embargo, hay ocasiones en las que la persona que tiene la visión del líder, debe ser flexible. Es probable que ciertas circunstancias hagan que tengas que reestructurar tus metas, cambiarlas e incluso eliminar algunas, pero lo más importante es que nunca debes cambiar tu objetivo final. Esto es lo que significa ser flexible.

Debes ser flexible al recorrer el camino que te llevará a tu objetivo final. Por ejemplo, supongamos que tu objetivo sea tener una empresa aseguradora que se maneje desde una aplicación para teléfonos celulares. Pero por más que te esfuerzas notas que no tienes éxito convenciendo a las personas comunes con tu propuesta de valor. ¿Qué puedes hacer? Cambiar las metas sin cambiar el objetivo final. ¿Cómo?

Por ejemplo, cambiando la orientación de tu empresa para ofrecer un seguro para otro público objetivo; por ejemplo, las empresas de carga y transporte. En algunos países, los procedimientos de las aseguradoras exigen que las empresas tengan que hacer un papeleo que personalmente me resulta excesivo e innecesario a fin de poder asegurar su carga, ¡y algunas empresas cargan un camión a cada cinco minutos!

Una empresa aseguradora eficaz y que funcione con un aplicativo fácil de usar, pudiera ser una gran solución para esas empresas. Así que tú pudieras dirigir tu empresa de seguros a ese mercado.

De esa forma, serás flexible en el camino que recorrerás para tener tu empresa de seguros, cambiando tus metas y hasta tu público objetivo; pero no perderás de vista ni cambiarás lo más importante: el objetivo final. Y esto puede ser una empresa o una organizacion

Muchos emprendedores talentosos han fracasado porque no tienen la flexibilidad para cambiar sus metas sin cambiar su objetivo final. Así que si tú tienes que cambiar toda tu planificación, y volver a empezar con una nueva planificación para que tu emprendimiento despegue, no dudes en hacerlo. Lo importante es que no cambies tu objetivo final.

4. Debes seguir a tu intuición

¿Qué es la intuición? La intuición es la habilidad para reconocer, comprender o percibir de una manera extraña, pero muy clara e inmediata, algo que no es posible explicar con la razón.

La intuición es esa sensación sutil que es difícil de describir; pero que te dice que algo no está bien, que algo diferente está sucediendo con una persona en particular, o que algo nuevo está por ocurrir. Esa capacidad mental de percepción que llamamos intuición, no tiene sentido lógico, pero ha demostrado ser muy importante tanto en el liderazgo como en otras facetas de la vida.

Si quieres ser un líder visionario, es muy importante que aprendas a 'escuchar' a tu intuición, que en muchas ocasiones te hablará con una presión en el pecho, o con un sentimiento de sospecha.

La intuición tiene su origen en tu mente subconsciente, que es la más grande y poderosa de tu mente, y administra toda tu memoria y tus emociones. Como ya has aprendido, tu mente subconsciente sí es capaz de procesar los millones de estímulos sensoriales que recibimos del ambiente a cada minuto. Por eso existe la intuición, porque tu mente subconsciente te hace intuir algo que no puede mostrarte claramente, porque la capacidad consciente del ser humano es limitada.

Por eso, puede que como líder no le encuentres sentido a lo que tu intuición te dice, pero la experiencia te ayudará a aprender a darle importancia, escucharla e interpretarla. Cuando empieces a notar que tu intuición te ayuda a evitar y resolver problemas, le prestarás más atención y se hará más útil para ti.

Por ejemplo, mientras más experiencia tengas como líder, más útil será la intuición al momento de encargarte de problemas pequeños que tienen el potencial de transformarse en grandes problemas, y que sólo podrás detectar precozmente, si usas tu intuición. Esto es cierto, por ejemplo, cuando tu intuición te dice que no debes confiar en una persona.

Por favor, no cometas el error de callar a tu intuición. Si tu poderosa mente subconsciente te está advirtiendo que no confíes en alguien, préstale atención. Te evitarás muchos problemas.

Otra faceta en la que la intuición es importante, es cuando estás en el lugar correcto, en el momento correcto, y eres la persona idónea. Se trata de esas ocasiones en las que debes usar tu intuición para reconocer y aprovechar una oportunidad. Esto significa que debes estar atento a tu intuición, tomando en cuenta los siguientes parámetros:

Que una acción equivocada en el momento incorrecto es lo mismo que un desastre. Tu intuición te dirá que hay algo que está mal, y que aún no es el momento para actuar.

Que una acción correcta en el momento incorrecto es lo mismo que una equivocación. Tu intuición te dirá que no es el momento de actuar, aunque sepas que tienes toda la razón en lo que dirás o harás.

Que una acción equivocada en el momento correcto se transforma en un error. Tu mente subconsciente usa a tu intuición para hacerte sentir cuando las personas no están dispuestas a escucharte; así que quizá ese no sea el mejor momento para hablar o actuar.

Que las acciones correctas en el momento correcto es lo que nos llevará al éxito. Si tu intuición te dice que ese es el momento correcto para hablar o actuar, confía en tu intuición y actúa. Los líderes sobresalen por ser personas capaces de discernir el momento exacto en el que deben actuar.

5. Debes estar dispuesto a mostrar resiliencia

Los líderes visionarios son resilientes, porque la poderosa visión de su objetivo final los mantiene en la carrera, a pesar de las caídas.

La capacidad de resiliencia del líder es, en el caso de tu emprendimiento; tu capacidad de sobreponerte al dolor emocional que te causarán los fracasos de tu negocio. Esto significa que debes estar dispuesto a cumplir los tres pasos de la resiliencia: fracasar, levantarte, y volver a empezar.

Un emprendimiento se parece más a una carrera de maratón que a una carrera de velocidad. Si te caes en una carrera de 100 metros, de seguro llegarás al último a la meta. Pero si te caes en una carrera de maratón, puede que incluso ganes la carrera, sólo tienes que levantarte y seguir corriendo.

Tu capacidad de resiliencia es fundamental para superar los tiempos difíciles que vendrán. Pues, tendrás que obligarte a ser optimista y tener mucha fe en ti y en tu objetivo final.

Es más fácil ser líder cuando todo va 'viento en popa' y brilla el sol, pero cuando las tormentas empresariales comienzan a azotar a tu pequeño barco, es cuando se requiere que seas la persona que resiste y no abandona su barco. Las tormentas son las que mostrarán qué clase de líder eres.

Hay personas que le tienen tanto miedo al fracaso, que saltan del barco cuando la primera ola gigante amenaza con hundir su barco. Por eso, tú necesitas ser resiliente. Debes ser capaz de renacer incluso de las cenizas de tu emprendimiento, para volver a intentarlo con la experiencia que has ganado.

El fracaso no es malo si te enseña a hacer las cosas bien. Ya te he contado que muchos de los empresarios más exitosos del mundo fracasaron en varias ocasiones antes de alcanzar el éxito, aun yo, he fracasado varias veces, si te contara. ¿Cómo crees que ellos o tu servidor vemos el fracaso? Asi es, como enseñanza y experiencia mas.

Conozco personalmente a muchos empresarios que han fracasado antes de tener éxito, y todos concuerdan en que fracasar se trata de un curso al que fueron obligados a asistir, pero que les enseñó cómo tener verdadero éxito. Por eso, no le temas al fracaso, sólo sé resiliente: levántate, aprende de lo que te sucedió y vuelve a empezar.

6. Debes tomar decisiones sólidas

Si tú quieres tener la visión del líder, debes aprender a tomar decisiones sólidas. ¿Qué significa esto? Que debes meditar bien las decisiones que tomes para que tus decisiones no sean débiles, es decir, que no tengan que ser cambiadas todos los días.

Los verdaderos líderes no toman decisiones rápidamente, ni se dejan presionar para tomar decisiones sin tener el tiempo para pensar.

Cuando tú le planteas una decisión difícil a un verdadero líder, él/ella te dirá que lo va a pensar, que se va a asesorar o que va a investigar un poco antes de decidir. Y si tú lo presionas para que decida de inmediato, el verdadero líder no se dejará intimidar; sino que te dirá con calma pero con firmeza que tomará su decisión más tarde, o al día siguiente.

Lo más probable es que quien tiene la visión del líder, investigue un poco la situación real, y luego le pida un consejo a una o varias personas; para después meditar sobre el asunto y tomar una decisión sólida, que no va a cambiar con facilidad.

Si como líder has tomado una decisión sólida, puedes defender esa decisión, porque no la has tomado a la ligera. Tienes seguridad de la decisión que has tomado, y los miembros de tu equipo, al ver que tomas decisiones sólidas; empiezan a respetar tus decisiones, porque puede verse que de verdad crees en sus propias decisiones.

7. Debes ganarte la confianza de tu equipo

Por otro lado, si tú cometes un error, no caigas en la trampa de minimizarlo, echar la culpa sobre otros o tratar de repartir la culpa entre todos los miembros de tu equipo. Eso sólo logrará socavar tu liderazgo y la confianza que tu equipo tiene en ti. Es mucho mejor admitir el error y tomar una nueva decisión, bien pensada y asesorada, para que sea sólida.

Ahora bien, si tú como líder no demuestras que te preocupas sinceramente por los miembros de tu equipo, no podrás generar confianza. ¿Acaso tú confiarías en alguien que sospechas que va a traicionarte cuando tenga la primera oportunidad?

Tu equipo tampoco confiará en ti si tú no te preocupas por ellos de forma personal y sincera. Hay una sola forma de ganarte la confianza de tu equipo, y esa es aprovechando cada oportunidad que se te presente para demostrar que tú estás ahí para respaldar a tu equipo.

Como puedes ver, ganarte la confianza de tu equipo no se trata de palabras, sino de acciones. Si logras que ellos perciban tus buenas intenciones, entonces confiarán en ti.

Muchas personas que pretenden ser líderes, se adjudican los logros de su equipo, pero se deshacen de la responsabilidad por los errores. Esa actitud, muy común hoy en día, sólo logra minar su liderazgo y la confianza de los miembros del equipo, que dejan de seguir al líder deshonesto y desleal.

Son muchos los que desean ser líderes hablando de la confianza y la lealtad en sus reuniones de trabajo; pero sólo con hablar de confianza y lealtad no se logra que tu equipo te siga en tu objetivo.

Tú lograrás generar verdadera confianza si te esfuerzas por ser una persona íntegra y justa. Si tú eres un ejemplo de lealtad para los miembros de tu equipo, ellos te tendrán confianza, y te seguirán hasta el mismo infierno si es necesario. Porque tienes la visión del líder, y ellos creerán en ti.

Tú tienes el poder para instalar programas mentales que te impulsan hacia adelante y remover programas mentales que te limitan. Dentro de esos programas mentales necesitamos palabras claves que afirmen lo que quieras lograr. Cuales son tus afirmaciones diarias?

Capítulo 8

Las afirmaciones del líder

Nuestro cerebro es mucho más que una súper computadora. ¿Cómo programas tu súper computadora mental? Por medio de las afirmaciones.

Muchas personas tienen sus mentes programadas desde niños con afirmaciones negativas. Por ejemplo, afirmaciones como: "Todo me sale mal", hacen que profesionales talentosos piensen que el fracaso es algo inevitable, y esa creencia se vuelve realidad en sus vidas.

Por el contrario, existen otros profesionales talentosos que tienen una programación mental muy diferente. Puede que tus padres te hayan instalado un programa positivo como: "Tú tienes el talento y la inteligencia para tener éxito". Ese programa metal positivo te dice que tienes lo que hace falta para tener éxito.

Otro programa mental positivo que desde tu niñez puedes tener instalado en tu mente es: "No hay mal que por bien no venga". Ese programa mental te dice que si tienes un fracaso en tu vida, ese fracaso te traerá algo mejor de lo que has perdido, y esa creencia se vuelve una realidad en tu vida.

Ahora bien, tú tienes el poder para instalar programas mentales que te impulsan hacia adelante y desinstalar programas mentales que te limitan.

Como ya has aprendido en los capítulos anteriores este libro, tu poderosa mente subconsciente no es capaz de distinguir lo cierto de lo falso, ni la realidad de la fantasía. Esa es la razón por la que hasta ahora, tu mente sigue siendo influenciada, para bien o para mal, por las afirmaciones que recibiste durante tu niñez, y por lo que ves y escuchas.

Muchas personas culpan a la economía, a la política, o a la suerte de las pocas oportunidades que tienen; pero la verdad es que el verdadero responsable de tu fracaso o de tu éxito es tu programación mental subconsciente, que si es negativa, no te permitirá superarte ni alcanzar el éxito; pero si es positiva, te impulsará como un cohete hacia la riqueza.

No sirve de nada desear de corazón prosperar y tener riqueza, si mantienes programas mentales negativos instalados en tu mente subconsciente. Esos programas mentales negativos te empujarán hacia el fracaso. Pero tú tienes el poder para cambiar eso.

Tú puedes escribir nuevas afirmaciones a fin de programar tu mente para superarte y alcanzar el éxito con el que sueñas.

Por ejemplo, ¿quieres tener riqueza? Entonces debes examinar los programas que tienes instalados en tu mente subconsciente con relación a la riqueza.

Millones de personas tienen instalados programas negativos que limitan su capacidad de hacer dinero. Por ejemplo: "Pobre, pero honrado" ¿Acaso tiene algo que ver ser pobre o rico con ser honrado?, "El dinero es la raíz de todos los males" ¿Acaso alguna vez escuchaste esto de uno de tus familiares?, "Quien nace pobre, muere pobre" ¿Acaso tu origen determina tus resultados en la vida?, "Los pobres son más felices" ¿Crees que tiene algo que ver la pobreza con la felicidad?, "Los ricos se creen mejores que los demás" ¿De verdad crees que las personas ricas no son humildes?.

Si tu mente subconsciente cree que de alguna forma es malo que tú llegues a tener riqueza. ¿Qué crees que sucederá con tus esfuerzos por lograr riqueza?

Lo que sucederá es que tu poderosa mente subconsciente saboteará todos tus esfuerzos.

¿Qué debes hacer si detectas que tienes instalado un programa que te mantiene en la pobreza? Puedes empezar a usar las afirmaciones contrarias a las que te limitan y repetirlas con la suficiente frecuencia para cambiar tu programación mental y alcanzar la riqueza con la que sueñas.

Por ejemplo, debes combatir programas como "Los ricos se creen mejores que los demás" y "Pobre, pero honrado", con afirmaciones como: "Los ricos son personas honradas". ¿Sientes que esta afirmación no es verdad? Entonces puedes ver lo profundo que ha calado en ti la afirmación negativa de que los ricos no son honrados.

Recuerda que no importa si la afirmación es correcta o incorrecta, si te la repites con la suficiente frecuencia, imaginando lo que estás diciendo; podrás reprogramar tu mente. Para ayudarte, puedes leer las biografías de personas ricas que demostraron que eran personas honradas.

Si tu subconsciente ha sido programado con la expresión: "El dinero es la raíz de todos los males", puedes empezar a reprogramar tu mente con afirmaciones como: "El dinero sirve para ayudar y hacer felices a las personas". Cuando lo digas, imagina que estás ayudando a personas necesitadas con comida u otras cosas de valor, imagina que estás contribuyendo dinero a un orfanato, y que esas personas te sonríen.

Si escuchaste que uno de tus familiares te decía: "Quien nace pobre, muere pobre", cambia esa programación mental por: "La mayoría de los hombres más ricos del mundo empezaron en la pobreza." De hecho, la verdad es que nacer en la pobreza te da ambición, que es un ingrediente importante para tener riqueza.

Otras afirmaciones como "Los pobres son más felices", pueden sustituirse por afirmaciones contrarias como: "Los ricos son más felices". No importa si por ahora no crees que sea verdad, lo importante es que logres imaginar todas las afirmaciones con las que quieras reprogramar tu mente.

Por último, en tus afirmaciones positivas acompañadas de imágenes mentales positivas, deberás incluir emociones. ¿Por qué?

Porque las emociones son las únicas capaces de abrir las puertas de tu programación subconsciente. Debes añadir emociones a tus imágenes mentales si quieres que te sirvan para reprogramar tu mente subconsciente.

Ahora bien, ¿Cómo debes plantear tus afirmaciones para que tengan un mayor impacto sobre tu programación subconsciente?

Las afirmaciones que de verdad funcionan

No basta con hacer las primeras afirmaciones que nos vengan a la cabeza. Aunque las hagas con buenas intenciones y con deseos de superarte, cuando las afirmaciones están mal redactadas no influyen en tu mente subconsciente.

Para que tus afirmaciones funcionen, debes saber exactamente cómo redactarlas, qué es lo que debes incluir y qué es lo que no funciona. Empecemos por el tiempo verbal:

1. Debes hacer afirmaciones en presente

Las afirmaciones planteadas en pasado o en futuro no funcionan, porque el pasado ya no puede ser cambiado y el futuro aún no existe.

Por eso, es muy importante que tus afirmaciones sean planteadas en tiempo presente o en presente continuo, pues lo único que realmente existe es el presente, y por eso tu mente subconsciente se programa en tiempo presente.

¿Te has fijado en qué tiempo verbal están planteadas las más poderosas afirmaciones negativas? Por ejemplo: "El mundo es una basura", "Yo no sirvo para nada", "Nadie es honesto" "La felicidad no existe", "Nadie me ama", "El amor verdadero no existe", "Nadie es feliz", "Todo el mundo miente". "La vida no vale la pena". Todas estas afirmaciones negativas están en tiempo presente, y por eso influyen de forma tan poderosa en tu mente subconsciente.

¿Por qué el tiempo presente funciona? Porque una afirmación que se plantea en tiempo presente hace que tú sientas que ya lo estás viviendo. Por ejemplo, si deseas estar en tu peso ideal, no sirve de nada que lo plantees en tiempo futuro. ¿Has notado que muchas personas repiten que harán dieta y que harán ejercicio pero nunca lo hacen? Millones de personas hacen esa promesa con buenas intenciones y esperan cumplirla algún día; pero no funciona para reprogramar tu mente subconsciente.

¿Qué afirmaciones pueden funcionar mejor? Por ejemplo: "Yo como de forma saludable", puede ser una afirmación muy poderosa; pues te hace pensar en la forma de cambiar tus hábitos alimenticios, que es el primer paso para alcanzar tu peso ideal.

¿Y si la afirmación que escoges no es completamente cierta? Como ya has aprendido, no importa si la afirmación que te dices es completamente cierta o si es falsa; porque tu mente subconsciente no la juzga, no la pone en duda; sino que la acepta como si fuese una verdad absoluta, siempre que cumplas con el requisito de incluir emociones en tus afirmaciones.

2. Debes hacer afirmaciones cortas

¿Te has fijado en que las más poderosas afirmaciones negativas son muy cortas? Por ejemplo: "Mantén a tus enemigos cerca", "Piensa mal y acertarás", "Nadie es amigo de nadie", "Todo el mundo quiere algo de ti", "Nadie va a cuidar de tus cosas", "No confíes en nadie". Por eso logran programar tu mente subconsciente; porque son muy fáciles de recordar.

La otra ventaja de las afirmaciones cortas, es que son específicas; lo que quiere decir que se concentran en una sola idea. Esto las hace muy poderosas, porque su objetivo queda muy claro para tu mente subconsciente.

Cuando estés elaborando tus afirmaciones, recuerda que mientras más corta, más clara y concisa será la idea, y más podrá influir de manera significativa en la programación de tu mente subconsciente.

3. Debes evitar la palabra 'no'

¿Por qué debes evitar la palabra 'no'? Porque tu mente piensa en imágenes. Veamos un ejemplo:

Si yo te dijera que imagines el tejado de una casa, pero que no te imagines el gato negro que camina sobre el tejado. ¿Lograrías evitar imaginar al gato? No puedes dejar de imaginar al gato, porque tu mente piensa en imágenes e ignora la palabra 'no'.

La impresionante velocidad con la que tu mente piensa y crea las imágenes a partir de las palabras, hace que sea imposible obedecer la orden de no ver al gato negro sobre el tejado.

De hecho, cuando le dices a tu mente que no vea al gato negro, es como si le dijeras: "¡Mira al gato negro!"

¿Te imaginas lo que sucedería si eligieras afirmaciones como 'No quiero ser pobre'? Que lo único que lograrás con ese tipo de afirmaciones es crear imágenes de pobreza en tu mente subconsciente.

Evita decir: 'No quiero fracasar', más bien di algo como: '¡Quiero triunfar!' Evita decir 'No quiero engordar', más bien di algo como: '¡Quiero estar delgado!' Evita decir: 'No quiero seguir endeudado', más bien di algo como: '¡Quiero tener dinero para invertir!' Evita decir: 'No puedo conformarme con esta situación', más bien di algo como: '¡Quiero tener éxito!' ¿Puedes notar la diferencia entre las imágenes mentales que se forman con las afirmaciones que eliges?

4. Debes hablar en serio con tu subconsciente

Como sabes, tu mente subconsciente no distingue entre la verdad y una mentira, ni siquiera cuando se dice en broma.

Para bromear, los seres humanos usan la mente consciente; pero tu mente subconsciente cree que estás hablando en serio, y toma lo que repites constantemente y lo integra a tu programación.

De modo que lo que empieza como una broma inocente, termina creando una imagen mental que es consecuencia de lo que dices.

Por esa razón, si tú quieres erradicar de tu mente los programas de pobreza, no debes bromear con esos asuntos, haciendo que se creen imágenes mentales de pobreza. Nunca permitas que ser pobre se convierta en algo divertido; eso estorba tu camino al éxito.

5. Debes usar afirmaciones que produzcan imágenes claras en tu mente

Muchas personas bien intencionadas piensan que repetir mantras en otros idiomas que no pueden entender, les servirán para reprogramar su mente subconsciente. Debes saber que lo que no puedes entender no te servirá para reprogramar tu mente. ¿Por qué? Porque las palabras que no puedes entender, no forman imágenes en tu mente.

Otras formas inútiles de tratar de reprogramar tu mente es usando frases sin un sentido claro, ¿por qué? Porque las frases sin un sentido claro son difíciles de transformar en imágenes. ¿De qué frases estamos hablando? Por ejemplo: "Soy parte de la energía del universo", "Soy la esencia del propósito eterno". "Formo parte de la energía universal". Estas afirmaciones pueden servir para otras cosas, pero no para formar imágenes que sirvan para reprogramar tu mente subconsciente.

6. Debes incluir emociones en la redacción de tus afirmaciones

¿Cuáles son las emociones de las que tanto te he hablado? Son emociones positivas de amor, felicidad, orgullo y gratitud.

Por ejemplo: 'Amo tener riqueza', 'Me hace muy feliz tener mucho dinero', 'Siento orgullo de mi prosperidad', 'Siento agradecimiento por mi dinero', ¿Por qué esto funciona?

Porque tu mente subconsciente relaciona la emoción positiva con la reprogramación mental de tu subconsciente.

Cuando le dices a tu mente: 'Amo tener riqueza'; se produce una imagen en tu mente en la que tú estás sintiendo amor por lo que el dinero puede proveerte. Cuando le dices a tu mente: 'Me hace muy feliz tener mucho dinero', se produce un imagen en tu mente en la que tú estás sonriente mirando las cosas que tu riqueza te ha provisto.

Cuando le dices a tu mente: 'Siento orgullo de mi prosperidad', se produce una imagen en tu mente en la que tú estás mirando con orgullo tus logros económicos. Cuando le dices a tu mente: 'Siento agradecimiento por mi dinero', se produce una imagen en tu mente en la que tú estás agradeciendo por las bendiciones que ha recibido.

Un nivel más profundo de programación mental

Tu programación mental subconsciente influye en tus resultados, porque como has aprendido, tu mente subconsciente es la encargada de administrar tu memoria.

Todo lo que has vivido, todo lo que has visto y oído, y todas las experiencias emocionales que has tenido, están al alcance de tu mente subconsciente. No puedes ser consciente de toda esa información, porque colapsarías; pero tu mente subconsciente sí usa toda esa información para tomar decisiones.

Por ejemplo: ¿Sabes por qué nos atraen sentimentalmente cierto tipo de personas? Una decisión tan importante como escoger a la persona con la que construirás tu familia pasarás el resto de tu vida, tiene sus raíces en los recuerdos que sólo tu mente subconsciente es capaz de manejar.

Elegir a tu pareja no se trata solo de que guarde alguna relación con uno de tus padres; sino que también guarda relación con las cientos de personas con las que tuviste algún contacto positivo en tu niñez, y que sólo tu mente subconsciente es capaz de recordar.

Ahora imagina que durante tu niñez, tú hayas tenido una mala experiencia emocional con una persona adulta, pero ya no lo recuerdas de manera consciente. ¿Qué crees que sucederá cuando te encuentres con una persona cuya personalidad se parezca a la de ese adulto con el que tuviste una relación negativa? ¿Crees que te sentirás atraído emocionalmente hacia esa persona? ¿Crees que podrás formar una familia con esa persona y vivir feliz con ella por el resto de tus días? No podrás, porque tu mente subconsciente no te lo permitirá.

Ahora imagina que desde la niñez tengas un recuerdo negativo sobre la riqueza. ¿Cuál recuerdo? Por ejemplo, una novela en la que las personas malas eran las ricas, mientras que las buenas eran las pobres. ¿Te parece familiar esa escena? Sí, casi todas las novelas son así. ¿Qué programación mental crees que se desarrolla en la mente subconsciente de un niño que no diferencia la fantasía de la realidad cuando ve y se emociona con una novela así?

Esa es una programación mental mucho más profunda que la de simplemente haber escuchado afirmaciones negativas sobre la riqueza. ¿Qué podemos hacer para programarnos con recuerdos positivos sobre la riqueza?

Para empezar, tienes que ser capaz de visualizar y sentir que lo que deseas ya está en tu poder. Tienes que sentir todas las emociones que sentirás cuando logres tu objetivo final: tener riqueza. Recuerda que tu mente subconsciente no diferencia lo real de lo imaginario, por eso debes emocionarte al pensar en el momento en el que alcances tu objetivo.

El segundo paso para programarte más profundamente, es que practiques ser una persona rica y exitosa. ¿Qué significa esto? Que tienes que ir a concesionarios de carros lujosos, y subirte a esos autos; y si es posible conducirlos, tienes que conducirlos.

Antes de ser millonario, yo mismo iba muy bien vestido a los concesionarios de Ferrari y Bugati para subirme a esos autos y sentir lo que era ser millonario. También buscaba cuáles eran las casas hermosas que estaban en venta en los vecindarios de los millonarios y hacía una cita para verlas. Yo actuaba como si estuviese buscando una casa de ese tipo, y disfrutaba de estar en esas mansiones.

Después, en casa, yo me imaginaba a mí mismo conduciendo esos autos y viviendo en esas mansiones. Me imaginaba todos los muebles y a mis amigos visitándome y admirando la casa. Estoy convencido de que esos ejercicios mentales cambiaron mi programación profundamente.

Si en tu mente subconsciente hay programaciones profundas, basadas en experiencias reales o imaginarias que te impiden alcanzar la riqueza con la que sueñas; estas nuevas experiencias positivas de riqueza, te reprogramarán para alcanzar el éxito que sueñas.

8. Debes agradecer y bendecir

La gratitud es la emoción positiva por excelencia. Porque cuando tú expresas agradecimiento verdadero, te resulta imposible tener emociones negativas como la envidia, el rencor, la ira, la tristeza, la decepción, o la frustración. El agradecimiento hace que nuestras afirmaciones se carguen de emociones positivas. ¿A quién vas a agradecer?

Puedes llamarlo Dios, la naturaleza, la vida o el universo; lo importante es que tu subconsciente relacionará la gratitud con lo que deseas lograr al reprogramar tu mente subconsciente.

Sin embargo, muchas personas no logran reprogramar su mente porque no son capaces de agradecer por su prosperidad. Por ejemplo: ¿Piensas que el dinero es un mal necesario? Son muchas las personas que creen que el dinero es un mal necesario. ¿Pueden esas personas atraer riqueza a sus vidas? No.

La mayoría de las personas no tienen un punto de vista tan negativo en cuanto al dinero, porque en realidad el dinero no les importa. Pero este punto de vista 'neutro' tampoco les llevará al éxito. ¿Por qué?

Porque para prosperar, para tener riqueza, tú tienes que tener hambre de éxito, tú tienes que desear tener dinero con todas tus fuerzas.

¿Cómo podemos tener un punto de vista más positivo sobre el dinero? Tenemos que bendecir el dinero.

Será muy difícil para tu mente subconsciente ignorar que tú, además de agradecer por el dinero que recibes, también estás bendiciendo el dinero.

Si te parece extraño o ridículo bendecir el dinero, eso revela tu verdadera programación mental en cuanto a la riqueza. Si crees que el dinero no merece ser bendecido, nunca tendrás abundancia de dinero.

Bendecir el dinero es la mejor forma de reconocer que se trata de un premio positivo y maravilloso. En realidad, el dinero es el medio por el que alcanzarás tus sueños de prosperidad y riqueza, es el premio que recibirás por tu duro trabajo, es una bendición que debes agradecer.

Ahora bien, puede que tú agradezcas por tu dinero, pero al mismo tiempo trates de deshacerte de ese regalo lo más pronto posible. ¿Te parece lógico que un deportista de élite se deshaga de su medalla rápidamente? ¿Has notado que la mayoría de las personas corren a gastar el dinero apenas lo reciben?

Esto se debe a que tu mente subconsciente rechaza la idea de tener dinero, y cuando lo recibes, quieres deshacerte de él lo más rápido posible. La verdad es que tu subconsciente no lo considera un regalo, sino un problema del que hay que deshacerse.

Usa tus afirmaciones para cambiar tu punto de vista acerca de la riqueza. Empieza a ver el dinero como una bendición, como un regalo que debes agradecer, conservar y reproducir. Debes sentirte cómodo teniendo dinero, nunca debes sentir ansiedad por gastarlo como si te estorbara.

Si logras cambiar tu programación mental, podrás alcanzar todos los objetivos que te propongas en la vida.

Debes meditar y encontrar dentro de tu mente la definición detallada de vida que deseas vivir, debes diseñar esa vida y defender ese diseño. Eso sólo lo lograrás si tienes el convencimiento de que esa es la vida que deseas vivir. Que vida quieres vivir?

Capítulo 9

Las visualizaciones del líder

¿Te has preguntado alguna vez si hay una forma en la que puedas diseñar tu propia vida y hacerla realidad? ¿De verdad puedes diseñar tu futuro? ¿Tienes el poder para elegir cuál es la vida que quieres vivir y ver ese deseo realizarse en el futuro? Sí.

Tú tienes la posibilidad de elegir la forma en la que diseñarás la vida que quieres vivir, y ver cómo ese diseño se hace realidad. ¿Por dónde debes empezar para diseñar la vida que quieres?

1. Debes definir lo que quieres

Diseñar la vida que quieren es una tarea que resulta muy difícil para muchas personas, debido a que la mayoría sabe que desea estar mejor; pero no están tan seguros de la vida que desean vivir.

Así que, ¿cómo puedes diseñar algo si no sabes exactamente cómo lo quieres?

Tú debes meditar y encontrar dentro de tu mente, la definición detallada de vida que deseas vivir, debes diseñar esa vida y defender ese diseño. Eso sólo lo lograrás si tienes el convencimiento de que esa es la vida que deseas vivir.

¿Qué sucederá si no tomas la responsabilidad de diseñar la vida que quieres vivir? Lo que sucederá es que te dejarás llevar por la corriente y serán otras personas las que definan la vida que vas a vivir.

Ese es el caso de millones de personas que viven una vida que otros han definido para ellas. No tienen el control de sus vidas, y por eso no son felices, nunca tienen suficiente dinero, y no alcanzan sus metas en la vida. Para salir de ese estado, tú debes empezar por diseñar la vida que quieres vivir. ¿Cómo logras diseñar tu vida?

En primer lugar, debes tener tan claro tu objetivo que sea muy fácil verlo. Por ejemplo: ¿Quieres tener riqueza? ¿Con qué tipo de negocio quieres hacer tus millones? ¿Sabes cuántos millones quieres tener exactamente como patrimonio? ¿Sabes en qué lugar quieres vivir? ¿Sabes cómo será tu casa? ¿Sabes qué auto conducirás? ¿Sabes cómo te vestirás y qué usarás? ¿Puedes imaginarte viviendo esa vida?

¿Quieres llegar a tu peso ideal? ¿Sabes exactamente cuántos kilos quieres perder? ¿Sabes a qué talla exactamente quieres llegar? ¿Sabes cómo te verás con ese peso? ¿Puedes imaginarte en esa condición?

¿Quieres encontrar el amor de tu vida? ¿Sabes qué es exactamente lo que buscas en una pareja? ¿Cómo te la imaginas físicamente? ¿Cómo te imaginas que va a ser la convivencia con esa persona? ¿Qué te hace sentir vivir con ella? ¿Eres capaz de verlo como si ya fuese realidad?

Empieza por escribir lo que sueñas como tu vida ideal. Si no te gusta escribir, puedes grabarte describiendo la vida que sueñas. Tienes que ser lo más específico posible, y tienes que tomarte el tiempo para ir puliendo esa visión de la vida que sueñas hasta que llegues a imaginar exactamente el tipo de vida que quieres tener.

Debes tener ambición, debes tener hambre de una vida mejor. No te dejes limitar por lo que piensen tus familiares o amigos. Tú puedes ser la primera persona multimillonaria de tu familia, tú puedes llegar a ser lo que tú quieras. Sólo imagínalo lo más claramente posible.

Para diseñar tu vida, debes tener objetivos tan bien definidos que sea muy fácil imaginarte poseyendo eso que deseas. ¿Por qué esto es tan importante? Por la forma en la que funciona tu mente:

2. Debes usar la visualización positiva

Ya aprendimos que la mente piensa elaborando imágenes y esas imágenes mentales son las que se convierten en programas mentales subconscientes. ¿Qué podemos hacer para que esas imágenes se transformen en poderosos programas mentales que produzcan cambios en nuestra vida? Podemos usar la visualización positiva.

Podemos darle más poder a esas imágenes mentales hasta que empiecen a formar parte de nuestra programación mental y que nos dirijan por el camino que nos llevará a alcanzar nuestros sueños. ¿Cómo la damos más poder a esas imágenes mentales?

Los deportistas de alto nivel conocen el poder de las visualizaciones positivas. Mientras se entrenan, ellos pueden verse a sí mismos rompiendo su propia marca al llegar a la meta, y pueden verse en el podio, recibiendo la medalla de oro.

Nunca escucharás que un atleta de alto nivel se visualiza recibiendo la medalla de bronce. ¿Por qué? Porque para tener éxito como atleta de alto nivel, debes tener ambición.

Los corredores se imaginan ganando la carrera, incluso mientras corren, pueden verse muy claramente recibiendo la medalla de oro. Su coach sabe que los únicos que tienen la posibilidad de ganar, son los atletas que están convencidos de que ganarán.

Por eso, el entrenador se preocupa por reprogramar la mente del atleta a fin de convencerlo de que puede ganar, y eso mismo es lo que tú debes hacer.

Por ejemplo, si tú quieres llegar a tener riqueza, tu visualización positiva irá más allá de imaginarte teniendo millones, como si se tratase de una foto. ¿De qué forma irá más allá?

La visualización positiva se trata de 'soñar despiertos', imaginando una 'película' en la que tú ya vives con riqueza. Esto se logra transformando las imágenes estáticas de lo que sueñas en imágenes en movimiento. Se trata de fabricar películas mentales usando más a fondo tu imaginación.

Todos tenemos la capacidad de usar nuestra imaginación para soñar despiertos y fabricar las películas mentales en las que conseguimos hacer realidad nuestros sueños.

Por ejemplo, si tú quieres emprender de forma exitosa, debes dedicar unos minutos al día a elaborar la película mental o visualización positiva en la que podrás verte conduciendo el auto con el que sueñas y estacionándolo frente a tu empresa; entrando en tu negocio y observando a tus colaboradores trabajar para producir los bienes o servicios que tu empresa va a facturar. Podrás entrar a tu oficina y sentarte, para ver en tu escritorio las actividades que debes cumplir hoy para que tu empresa siga adelante. Eso es la visualización positiva.

El siguiente paso es permitir que esas películas mentales te afecten en sentido emocional. Debes recordar que tu mente subconsciente es programada más rápidamente con pensamientos que impliquen emociones. Así que debes agregar emociones positivas a tus películas mentales. ¿Cómo lo harás?

Si tu objetivo es producir millones con tu emprendimiento, debes poder verlo tan claro en tu mente, como si fuese una película mental que te haga sentir emociones positivas.

Tienes que llegar sonriente con tu auto y estacionarlo frente a tu empresa, para ver el edificio y suspirar de satisfacción. Luego bajarte del auto y entrar a tu negocio sintiendo orgullo de lo que has logrado, mirando a tus colaboradores y saludándolos con amabilidad; para después entrar en tu oficina y sentarte en la cómoda silla de tu escritorio. Luego mirarás los papeles que dejaste el día anterior sobre el escritorio, y sonreirás; porque estás a punto de empezar a hacer el mejor trabajo del mundo: dirigir tu propia empresa u organización.

¿Puedes ver la diferencia entre una película mental normal y otra que está cargada de emociones positivas? Ese es el tipo de visualizaciones positivas que reprogramará tu mente subconsciente rápidamente, y logrará que tu poderoso subconsciente te lleve al siguiente nivel a fin de lograr ese objetivo. ¿Cuál es ese siguiente nivel?

3. Debes conocer el poder de la formación reticular

¿Recuerdas que aprendiste en este libro que tu mente subconsciente te muestra sólo una parte de los millones de estímulos que recibe de tus sentidos? Ya sabes que lo hace porque conscientemente no tenemos la capacidad para manejar toda esa información, y por eso colapsaríamos.

¿Cómo hace tu mente subconsciente para decidir qué es lo que te mostrará y que es lo que te ocultará?

Por ejemplo, todos los seres humanos tenemos la capacidad de vernos la nariz a simple vista. Tu nariz es lo suficientemente grande como para que puedas verla, y de hecho, puede que tú la estés viendo en este momento porque yo te lo estoy diciendo. Pero tu mente subconsciente la volverá a ocultar de tu vista. ¿Por qué lo hace? Porque no es importante que te veas la nariz, de hecho no es útil para nada.

Supongamos que hay una multitud de personas caminando frente a ti. Tu mente consciente sólo ve una multitud, pero tu mente subconsciente puede ver a todas las personas y analizar a cada una de ellas. Por eso, si encuentra que una de esas personas camina de una forma que tú ya conoces, y tiene la fisonomía de una persona que tú conoces que camina así; entonces decidirá hacerte ver que delante de ti, entre la multitud camina, está esa persona a quien conoces. ¿Te ha sucedido? ¿Cómo tu mente logra esa proeza? ¿Cómo es que puedes reconocer a un ser querido aunque lo veas de espaldas entre una multitud?

Tu mente subconsciente te oculta la nariz y te muestra a tu ser querido entre una multitud, usando un filtro sensorial que se conoce como: 'Formación reticular del tallo encefálico'. ¿Cómo funciona?

Nuestra mente subconsciente usa la formación reticular del tallo encefálico, para filtrar todos los estímulos sensoriales y decidir qué es lo que nos mostrará y lo que no. ¿Qué criterio usa nuestra mente al tomar esa decisión?

Para empezar, tu mente inconsciente presiona a tu subconsciente para que te muestre lo que contribuye con tus instintos primarios: sentir placer y evitar el dolor. Esto incluye comer, dormir, escapar, luchar, enamorarnos, cuidar de tu familia, tu equipo de futbol favorito, etc. Por eso se te hace tan fácil distinguir a un ser querido o a la persona que amas en medio de una multitud.

Después, tu mente subconsciente te mostrará lo que pudiera ser importante para ti, pero sobre todo te mostrará lo que implique algunas emociones; y si no hay nada más importante que mostrar, entonces te mostrará a las personas que conoces pero por las que no sientes nada, y las cosas que no te despiertan emociones. ¿Puedes ver la importancia de las visualizaciones positivas?

Tu mente subconsciente obvia la mayoría de los rostros y cosas que ve; y no te permite percibir la mayoría de los estímulos sensoriales que recibe a través de los sentidos. La verdad es que sólo puedes ser consciente de una pequeña parte de todos los estímulos sensoriales que recibes, y esa es la razón por la que es tan importante que practiques la visualización positiva.

Cuando haces el esfuerzo y te tomas el tiempo para producir la película mental de lo que quieres lograr en tu vida, y además le agregas emociones positivas, tu mente subconsciente entiende que se trata de algo muy importante, y empieza a usar la formación reticular del tallo encefálico para hacerte ver, oír y sentir todos los estímulos sensoriales que tengan que ver con ese objetivo.

Eso significa que ya no dejarás pasar buenas oportunidades por el simple hecho de que no puedas verlas. Tu mente subconsciente te ayudará a lograr tu objetivo colaborando para acercarte a todo lo que pueda contribuir a lo que te lleve al éxito.

Miles de personas no son capaces de ver las oportunidades que se les presentan, porque su mente subconsciente no se las muestra. Aunque esa oportunidad esté frente a ellos, su subconsciente la ignora, porque no han demostrado que sea algo importante que produzca emociones.

Si has producido tu película mental positiva y te has visto llevando adelante tu emprendimiento; tu mente subconsciente estará lista para mostrarte todo lo que necesitas, y que te acercará a tu objetivo.

Por ejemplo, si hay un local disponible que sea adecuado a tu sueño, tu mente subconsciente ya no lo ocultará de tu vista, sino que te hará verlo. Si conoces a alguien con los conocimientos necesarios para formar parte de tu equipo, tu mente subconsciente te dejará reconocerlo.

Si se presenta la oportunidad de conocer a un proveedor para tu empresa, tu mente subconsciente te lo mostrará. Si tienes la oportunidad de hacer contacto con un posible cliente, tu mente subconsciente ya no dejará pasar esa oportunidad, porque tú le has enseñado que eso es muy importante para ti.

Te sucederán cosas que te parecerán increíbles, y hasta parecerá que tienes mucha suerte; pero sólo se trata del hecho de que tu poderosa mente subconsciente está filtrando todos los estímulos sensoriales que recibe y está abriendo tus ojos de una forma espectacular para que puedas aprovechar todas las oportunidades que te llevarán a tener éxito con tu emprendimiento.

Cuando una persona decide no visualizarse positivamente, está dejando de usar el poder de su mente subconsciente, y por eso la mente de esa persona no le muestra las oportunidades que tiene frente a ella. Esa es la verdadera razón por la que las oportunidades les pasan de largo a algunas personas. No pueden verlas, simplemente porque no les han dado la importancia necesaria.

A partir de hoy, tú tienes la oportunidad de practicar la visualización positiva y usar el poder de tu mente subconsciente. Ahora puedes entender por qué hay personas con poco talento y poca preparación que parecen estar bendecidas.

Parece como si esas personas tuviesen mucha suerte y las cosas se les dieran casi sin esfuerzo. Esas personas consiguen ser millonarias muy rápidamente, mientras las otras personas, que están mejor preparadas, luchan sin poder lograr sus objetivos.

Nada tiene que ver con el talento o la preparación, el secreto son las visualizaciones positivas, las películas metales en las que ves, mientras sueñas despierto, que tu objetivo se ha hecho realidad. Esas visualizaciones son las que abrirán tus ojos, y te harán ver lo que antes estaba oculto para ti. Te volverás una persona experta en aprovechar las oportunidades, porque simplemente podrás verlas, tu mente subconsciente te las mostrará, y podrás lograr todo lo que sueñas.

Empieza ya con tus visualizaciones

Todos los días, debes dedicar de 5 a 15 minutos a imaginar lo que deseas para tu vida, por la mañana y por la noche antes de dormir. Debes verte cuando logres todo lo que sueñas, debes aprender a soñar despierto, imaginando cada pequeño detalle de tu emprendimiento.

Imagina el local en el que tendrás tu empresa, la entrada, la recepción, el color de las paredes, los muebles, los aparatos electrónicos. Imagina a tu equipo de trabajo, mira a cada uno, decide qué trabajo harán y ten una reunión con ellos en tu imaginación, en la que les dices cuál es la misión y las metas de la empresa. Emociónate al describir la misión de tu empresa. O si quieres emprender en el mundo de mercadeo en red, imagina cuantos emprendedores tendras directos, cuantos clientes, cuantos lideres tendras, como cada mes va creciendo, en cada pais, en cada idioma, cuantas personas gracias a ti recibieran un residual y tambien tendran su propia organización.

Imagina tu oficina, el color de las paredes, la decoración, tu escritorio y lo que tendrás sobre él, las sillas, el color del piso. Habla con tus proveedores en tu oficina, negocia con ellos por buenos precios. Habla con tus clientes, recíbelos en tu oficina y haz que les traigan café, hazles propuestas irresistibles. Siente lo que es tener éxito con tu empresa. Observa cómo tu empresa factura millones, mira con claridad tus ganancias, mira cómo prosperas y ayudas alos demas a prosperar.

Si lo haces todos los días, con el tiempo empezarás a soñar dormido con tu empresa u organizacion, y entonces sabrás que tu esfuerzo por influir en tu mente subconsciente está dando resultado.

Es verdad que no todo será color de rosa, pero cuídate de siempre producir películas mentales positivas, Es muy importante que tu emprendimiento sólo te genere emociones positivas.

Al hacer tus visualizaciones positivas diarias, también notarás cómo irán desapareciendo tus temores y tus dudas. Cada vez te sentirás más seguro de lo que puedes hacer y de que estás en el camino correcto.

Entonces, comenzará a suceder el milagro: empezarás a notar ciertas señales que antes no notabas, empezarás a ser capaz de ver que algunas oportunidades estaban frente a ti, pero que antes no podías notar.

Las personas dicen que eso sucede porque no era el tiempo correcto, yo digo que eso sucede porque tú no eras todavía la persona que había empezado a usar el poder de su mente subconsciente.

De repente, parecerá como si todas las cosas se alinearan para que tú tengas éxito con tu emprendimiento; pero no se trata de ningún poder mágico, se trata del poder de tu mente subconsciente cuando aprendes cómo usarla a tu favor.

Tus nuevos actos, más atinados y eficientes, crearán una onda expansiva que hará que los que te conozcan se sorprendan del éxito que estás teniendo, y de que las cosas te estén saliendo tan bien. Entonces empezarán a hablar de ti, de tu suerte, de tu talento para aprovechar las oportunidades, y esas conversaciones harán que otras personas talentosas se acerquen a ti, para colaborar con tu proyecto.

Esa es la forma en la que las personas empiezan a reconocerte como líder en tu área de emprendimiento. Las personas en tu equipo de trabajo que creen en ti y en la visión que sigues, están dispuestas a ayudarte a hacer realidad lo que has soñado.

Es de esa forma que la fama de tu liderazgo se esparcirá aún más, y empezarás a recibir cosas que no pediste, pero que son el resultado de tu liderazgo. Por ejemplo, puede que otro lider importante te visite porque quiere trabajar contigo. ¿Por qué? Porque él/ella ha escuchado de ti, y puede ver tu potencial. También puede que un cliente importante se acerque a ti, porque ha escuchado de ti, de tu liderazgo y quiere que seas su lider.

Todas esas cosas suelen pasar cuando empiezas por visualizarte positivamente, y aprendes a trabajar con la ayuda de tu poderosa mente subconsciente, usando las visualizaciones de un líder.

El éxito no es una meta, sino un proceso constante. Usa tu poder para lograr cosas inimaginables, eres un ser triunfante y tendras muchos triunfos, pero te lo crees?

Capítulo 10

Usa tu poder

Hay una sola forma en la que puedes transformar tus sueños en realidad, y esa es actuando en la dirección correcta. Porque el éxito no es una meta, sino que es un proceso constante.

Cuando un deportista de alto rendimiento consigue una medalla, sabe que ha tenido éxito, pero ese éxito ha quedado en el pasado. Ahora se pone una meta más alta, se propone romper su récord.

En tu caso será igual, tu éxito tampoco será el objetivo final, sino que de forma permanente te irás superando para alcanzar cosas más grandes. Tu éxito será un proceso permanente en el que cada vez recibirás más, porque tu poder para aportar algo positivo a tu vida y la vida de otros será cada vez mayor.

Muchas personas rechazan ese poder, porque creen que el poder es siempre algo malo. Es verdad que muchas personas usan su poder para abusar de las personas. Sin embargo, los líderes que tienen éxito, también tienen en común la forma en la que usan su poder. ¿Cuál es ese poder? Ese poder se divide en tres partes:

1. El poder para transformar tu propia vida

El primer poder, es tu capacidad para cambiar tu propia vida. Con ese poder, lograrás tomar las decisiones que harán que tu vida sea cada vez mejor.

Cuando eras más joven, tus padres eran los que tenían ese poder, y muchos padres presionan a sus hijos para que escojan cierta carrera con buenas intenciones. La mayoría de los padres quieren que sus hijos tomen el camino 'seguro'.

Sin embargo, para tener éxito, muchas veces deberás abandonar el camino 'seguro' que te vendieron tus padres y encontrar tu propio camino al éxito, siguiendo tus instintos.

Yo mismo tuve que elegir seguir a mis instintos y abandonar el camino 'seguro' que otros sí siguieron. Pero los que siguieron ese camino seguro hoy no son millonarios, y yo sí.

Tú también tienes el poder para elegir el camino que tomará tu vida, y debes ejercer ese poder. Porque si tú no tomas ese poder y diriges tu propia vida, otro lo tomará por ti y otro será quien dirija tu vida.

Muchas personas se demoran en elegir, otras ni siquiera eligen, y por eso terminan haciendo realidad los sueños de otros y no sus propios sueños. No permitas que eso te suceda. Usa tu poder y elige lo que harás en tu vida, elige la vida que quieres vivir y hasta dónde quieres llegar.

Comparte ese poder ayudando a otros a encontrar su propio camino al éxito. Conviértete en un asesor para una persona que está en el proceso de encontrar su camino al éxito. Aprenderás mucho de tu propio camino mientras tratas de ayudar a otros.

Por otro lado, tu autoestima es clave para desarrollar el poder que te mantendrá en el camino al éxito. Tienes que aprender a amarte tal y como eres. Cuando te veas en el espejo, tienes que tratarte con cariño, tienes que resaltar tus virtudes físicas e intelectuales.

Es muy fácil criticarnos a nosotros mismos. De hecho, algunas personas tienen un programa mental que les dice que es malo hablar bien de sí mismos, y que es bueno resaltar los defectos y carencias. ¡Qué equivocados están!

Si tú sientes incomodidad hablándote con cariño frente al espejo y diciéndote cuánto te amas y la persona inteligente y talentosa que eres. Es porque debes erradicar ese programa malicioso que te han instalado, y que hace que tiendas a despreciarte y no creer en ti ni en tu talento para lograr tus sueños.

Esos programas mentales maliciosos son los que hacen que la mayoría de las personas no tengan una sana autoestima, y por eso no tienen confianza en sí mismos. ¿Cómo se puede revertir esto?

Repitiéndote varias veces al día, frente al espejo, que eres una persona guapa, inteligente y talentosa. No importa si al principio no te crees, recuerda que nuestro subconsciente no diferencia lo real de lo imaginario, así que terminará por creerlo si tú se lo dices varias veces al día.

Después, tu éxito te confirmará que sí eres todo lo que te dices en el espejo.

Además, evita relacionarte con personas que tengan problemas de autoestima, evita a las personas que te aconsejan que no hables bien de ti, y busca la compañía de personas que tengan una sana autoestima.

Ponte en acción. Usa tu poder para ponerte en el camino que te llevará a hacer realidad tus sueños, y aprende a usar el segundo tipo de poder:

2. El poder para influir en otros

El poder para influir en otros, es la capacidad para cambiar de forma positiva la vida de otras personas. Esto se logra mediante el ejemplo, y mediante la comunicación.

Muchas personas relegan el ejemplo a un segundo plano, pero el ejemplo es la primera forma, y la más efectiva, de influir en otras personas.

Es con tu propia vida con la que les das un buen ejemplo a otras personas, incluso mucho antes de obtener los resultados que buscas. ¿Por qué? Porque muchas personas no tienen las agallas de ir detrás de sus sueños. Si tú lo estás haciendo, ya eres un ejemplo para otros.

Desde el principio de tu emprendimiento, las personas de tu equipo cercano y tus colaboradores pueden ver tu ejemplo de tenacidad, de enfoque y de dar lo mejor de ti.

Cuando empieces a cosechar los resultados de tus esfuerzos, tu ejemplo se fortalecerá. Por ahora, no necesitas decir ni una sola palabra, tu ejemplo habla más que mil palabras, e influye de forma positiva en las personas que te ven y que empiezan a mirante como líder, sólo por tu ejemplo.

La segunda parte del poder de influencia que tienes en otros, viene por la comunicación. Se trata del talento para conectar de manera positiva y mantener buenas relaciones con las personas. Los líderes han desarrollado el talento para conectarse con las personas de manera positiva.

Por eso, cuando tú como líder hablas, las otras personas prestan atención; porque les interesa saber qué es lo que tú tienes para decir. Un verdadero líder no hace reuniones en las que su equipo va a perder el tiempo, sino que los reúne para darles algo de valor, para sacar lo mejor de ellos usando la sinergia; para darles las herramientas que les harán ser mejores personas de éxito.

En las palabras del líder siempre hay sabiduría, siempre hay una buena lección por aprender, respaldada por el ejemplo que esa persona ha puesto. ¿De dónde sacarás esa sabiduría que compartirás con tu equipo? De la tercera forma de poder:

3. El poder para permitir que otros influyan en ti

Ejercer este poder es quizá uno de los más importantes. Porque si permites que cualquier persona influya en ti, terminarás cambiando de opinión constantemente y esa falta de definición no te permitirá alcanzar el éxito que deseas.

Por otro lado, si permites que las personas equivocadas influyan en ti; no tendrás los resultados que esperas y tu camino al éxito será mucho más difícil. ¿Cómo sabrás a quiénes debes escuchar y a quienes no? Por sus resultados.

Si me muestras a tus amigos, yo puedo mostrarte cuál será tu futuro. Los resultados de tus amigos influyen en tus resultados. Si eliges escuchar a las personas que no tienen resultados para mostrar, tú tampoco alcanzarás los resultados con los que sueñas.

Sin embargo, si usas tu poder de la forma correcta, y permites que quienes influyan en ti y en tus decisiones sean los líderes que sí han alcanzado los resultados que tú quieres alcanzar; lo que sucederá es que tú también empezarás a producir resultados.

Cuando tengas un problema o te enfrentes a un desafío, busca el consejo de tus mentores. No hay ningún desafío que la combinación de varias mentes inteligentes (Mente Maestra) no sea capaz de solucionar. Usa la sinergia para que tus mentores te ayuden a encontrar soluciones creativas a tus desafíos.

Muchas personas creerán que tienes mucha suerte, pero yo estoy convencido de que la suerte viene de trabajar duro. Tienes suerte cuando te encuentras con la persona justa, en el momento justo, y tú eres la persona indicada para aprovechar el momento.

Si eliges rodearte de personas exitosas, será inevitable que empieces a imitar su forma de pensar y sus hábitos de productividad. Pero puedes hacer más...

Puedes empezar a 'modelar' a las personas exitosas. ¿Qué significa 'modelar?

Modelar significa imitar lo que piensan esos líderes y hacer las cosas como esos líderes exitosos las hacen. Para lograrlo, se requiere que implementes en tu vida sus pensamientos, su forma de ver el mundo y los hábitos que hacen que esos líderes sean exitosos.

Además, 'modelar' es útil porque te ahorrará mucho tiempo. Ya no tendrás que probar una y otra vez qué es lo que funciona, sino que al 'modelar' el camino que esos líderes ya han recorrido, tú te encontrarás en el camino correcto hacia el éxito.

Si tú quieres ir más allá, puedes encontrar a un líder que ya haya alcanzado el éxito en la misma área en la que tú quieres triunfar. Así, estarás 'modelando' de una forma mucho más efectiva, ahorrando el activo más valioso que tienes: el tiempo.

Para lograrlo, es preciso que te conviertas en un investigador, pero si logras encontrar a ese tipo de mentores; podrás acelerar por diez la velocidad a la que alcanzarás el éxito que deseas.

Concentra todo tu poder

Hay dos formas de alcanzar el éxito, la forma lenta en la que dispersas tu poder y con la que pasarán muchos años para que logres tus objetivos; y la forma rápida, en la que concentras todo tu poder y logras tus objetivos muy rápidamente.

Concentrar todo tu poder, significa poner toda tu energía, tu vitalidad física e intelectual, y tu obsesión en ese objetivo que deseas alcanzar ¿Cómo puedes concentrar tu poder y tomar la vía rápida?

1. Debes amar y creer apasionadamente en tu objetivo

La mayoría de las personas no han encontrado eso que aman hacer, y esa es la razón por la que no creen con la pasión suficiente como para impulsarlos hacia adelante, y no pueden concentrar todo su poder para hacerlo realidad.

Cuando tú no amas y no crees apasionadamente en tu objetivo, lograrlo se convierte en un camino muy difícil y pesado. ¿Qué puede hacer que alguien no ame ni crea apasionadamente en lo que hace?

Por ejemplo, si lo que te mueve a emprender es el deseo de acumular dinero, lo que amas no será tu emprendimiento sino el dinero. Si por otro lado lo que te mueve es el reconocimiento, lo que amas no será tu emprendimiento sino la admiración de otras personas.

La verdad es que no tiene nada de malo que tu motivación sea el dinero o el reconocimiento; pero si no logras encontrar un negocio que te emocione, no serás capaz de concentrar tu poder para hacerlo realidad y ni siquiera podrás vender su visión, porque no creerás en ella desde tu corazón.

Esa es la razón por la que algunos emprendedores no consiguen financiamiento para sus proyectos; mientras que otros reciben dinero a manos llenas. Los inversionistas, que siempre son líderes con éxito y mucha experiencia, se dan cuenta cuando tú no crees de corazón en tu proyecto, y por eso no pones el corazón en ello.

Por otro lado, en este libro ya aprendiste que ser una persona negativa no tiene nada que ver con ser realista. Por el contrario, la persona realista elige ser positiva. Además, debes deshacerte rápidamente de los pensamientos negativos; porque llegan a ser muy peligrosos para tu emprendimiento. Los pensamientos negativos pueden crecer hasta convertirse en cánceres que destruyen empresas y sueños, por eso es tan importante que elijas ser una persona positiva.

Cuando crees con pasión en tu objetivo, es muy fácil concentrar todo tu poder en hacerlo realidad. Si de verdad amas lo que haces, no malgastarás tu poder mental en otras cosas que no te llevarán al resultado que sueñas. Tú sabrás elegir dónde poner tu foco y concentrar todo tu poder.

2. Debes concentrar tu poder para pasar a la acción

Muchas personas piensan que pasar a la acción es fácil; pero no lo es. Además, mantenerse en acción en el tiempo resulta un verdadero reto para muchos emprendedores. ¿Por qué?

Porque junto con la acción en una dirección, viene la presión en la dirección contraria. Es una reacción física natural contra la que debemos luchar si queremos tener éxito.

Ahora bien, para soportar la presión, tienes que tener el carácter que se requiere. No se trata de inteligencia, pues una persona inteligente no tendrá éxito si no tiene el carácter de un líder. Por ejemplo, si es tu primer emprendimiento, ¿podrás soportar la presión de no tener un ingreso fijo? ¿Tendrás la fortaleza para enfrentar los problemas que conlleva emprender?

Los deportistas de alto rendimiento saben que el crecimiento muscular viene a través del dolor. Si no hay dolor, los músculos no crecen. Lo mismo sucederá con tu emprendimiento. Nunca caigas en la trampa de pensar que emprender será un camino de rosas. Debes estar seguro de que te encontrarás con desafíos en el camino que ejercerán una fuerte presión para que abandones tu sueño. Por eso debes tener el carácter de un líder y estar decidido a llevar adelante tu sueño pase lo que pase.

Es la pasión por tu emprendimiento lo que hace la diferencia, y es imprescindible para que puedas concentrar tu poder y vencer la presión que te vendrá.

Por otro lado, no te conformes con nada que esté por debajo de lo que has soñado. Yo sé por experiencia que tus expectativas definen tus resultados. Si te niegas a aceptar nada que no sea lo que has soñado; por lo general consigues hacer realidad tu sueño.

Tu mente quiere ayudarte, pero también quiere ahorrar energía. Así que si te conformas con menos, puedes estar seguro que eso 'menos' es lo que vas a lograr. Pero si te niegas a recibir 'menos', tu mente seguirá adelante para darte exactamente lo que has soñado.

Pero a fin de lograrlo, se necesita que concentres todo tu poder: tu energía, tu vitalidad física e intelectual, y tu obsesión, en hacer realidad lo que sueñas.

3. Debes evaluar si estás en el camino correcto

Tu mente siempre te pondrá a dudar de tu estrategia, y puede que otras personas bien intencionadas también te hagan dudar de si estás en el camino correcto para lograr tu sueño. ¿Qué puedes hacer? Puedes adelantarte.

Toma la costumbre de evaluar periódicamente la estrategia que sigues para lograr tu objetivo, y mira los resultados que has conseguido. ¿Por qué deberías evaluar tu estrategia?

Porque es muy importante que tengas la seguridad de que estás en el camino correcto. Esa seguridad es la que te va a permitir concentrar todo tu poder a fin de hacer realidad lo que sueñas.

Ahora bien, es verdad que debes tomar decisiones sólidas y enfocar todo tu poder en la estrategia que has definido para alcanzar el éxito. Sin embargo, la flexibilidad es imprescindible para adaptarnos, y cambiar nuestro rumbo si es que la evaluación da como resultado que tu estrategia se ha estancado o que ya no está dando los resultados esperados.

Recuerda que ser flexible significa que nunca debes cambiar el objetivo final, sino la estrategia o el camino que te llevará a ese objetivo. Pero si tu estrategia está funcionando, debes concentrar tu poder en llevarla a cabo tal y como la has planeado.

Enfoca tu poder en lo que te hace más fuerte

¿Cómo puedes enfocarte en lo que te hace más fuerte? La clave está en elegir poner tu foco en todo lo que te sale bien.

Si lo haces, por terrible que parezca una situación, siempre podrás procesar lo ocurrido en tu mente como un logro que fortalezca tus recursos físicos y mentales. Por ejemplo:

Supongamos que cometiste un error y has perdido a un buen cliente. Ahora tienes dos opciones: reaccionar de forma negativa y resaltar tu ineptitud, o reaccionar de forma positiva y sacar la lección que has aprendido, escribiéndola para que nunca la olvides; pensando que te haces más sabio con los fracasos.

La verdad es que nada es inherentemente malo o bueno, todo tiene que ver con la representación mental que te haces de ese hecho. Si eliges una representación mental positiva, estarás creando recursos que te capacitarán para tener resultados positivos en el futuro. Pero si eliges una representación mental negativa, crearás recursos que se acumularán para hundirte emocionalmente en el futuro cercano.

Debes elegir las creencias que te llevarán a concentrar todo tu poder en tener éxito, y debes exiliar de tu mente todas las creencias que te limitan. Si tú te concentras en tus éxitos cotidianos, verás como el éxito atrae más éxito.

Así que es el momento de asumir la responsabilidad y concentrar todo tu poder en hacer realidad lo que sueñas. Los líderes asumen la responsabilidad porque no son las víctimas de las circunstancias ni de otros. Eres tú quien produce los resultados, eres tú quien controla tu vida. Los líderes que asumen la responsabilidad concentran el poder, porque son los dueños de su destino.

Conclusiones

Para conseguir la riqueza que deseas, tienes que convertirte en líder. No hay otra forma de llegar al éxito y mantenerte allí. Tienes que empezar por liderarte, tienes que tomar el control de tu vida, de tus pensamientos y de tu reprogramación mental.

No caigas en la trampa de pensar que no necesitas reprogramar tu mente. Todos tenemos que reprogramarnos y seguir haciéndolo al pasar de los años. ¿Por qué? Porque la verdad es que los programas negativos no salen de tu mente, sino que se debilitan cuando tú instalas nuevos programas; pero siguen ahí, esperando a que bajes la guardia para retomar el control de tus pensamientos.

Esa es la razón por la que debes nutrir tu mente con programación positiva a diario. Debes ser tú quien dirija tus pensamientos en la dirección correcta: hacia lograr tu objetivo.

Recuerda que el éxito es una carrera de maratón. Puedes caerte, puedes herirte al caer, pero no te rendirás. Si eres líder, siempre te levantarás y volverás a la carrera. Por eso las personas que te conocen sienten admiración, y por eso tu equipo te seguirá a donde quieras llevarlos. Ellos saben que pueden confiar en ti, porque tú tienes la fortaleza para hacer realidad tu visión de futuro.

Tu futuro es brillante, hay mucho más para ti porque tienes ambición y tenacidad. Tu equipo sabe que prosperará junto contigo, y ellos te llevarán a todos los lugares que puedas imaginar. Porque tienes el liderazgo para crear tu propio éxito.

Índice interactivo por menciones

cerebro, consciente, subconsciente, olfato, inconsciente, paradigmas, cortisol y adrenalina, zona de confort, Kareoke, inercia, mango, chocolate, Mente Maestra, mongoles, realistas, síndrome de Burnout, tres preguntas, delegar, la técnica del cine, **proactivo**, estado de Flow, flexible, **intuición**, resiliencia, formación reticular, modelar.

www.ingramcontent.com/pod-product-compliance
Lightning Source LLC
Chambersburg PA
CBHW071409210526
45465CB00001B/306